LA VIDA DE UN CRIPTO TRADER

Manual Para El Exito

Richard Rosales

Rich Ross Capital

Quiero tomarme un momento para expresar mi más sincero agradecimiento a quienes han sido una fuente constante de apoyo e inspiración a lo largo de mi viaje. En primer lugar, quiero agradecer a mi querida madre, Tema, quien siempre ha sido mi pilar inquebrantable de fortaleza. Su creencia en mí, sin importar las circunstancias, me ha dado el coraje para perseguir mis sueños y superar los desafíos. Gracias, Madre, por tu amor incondicional y tu guía.

A mi padre, Ernesto, quien quizás no haya hablado mucho, pero sus acciones y presencia decían mucho. Me enseñó el valor de la integridad, el trabajo duro y ser una buena persona. Ha sido mi modelo a seguir, silencioso pero poderoso, y estoy agradecido por las lecciones que me inculcó.

También quiero extender mi agradecimiento a mis hermanos, Fernando, Betty, Brenda y Lina, quienes me han apoyado en las buenas y en las malas.

A mis primos, Jorge y Julio que han sido como hermanos, que han estado en los momentos más difíciles, gracias por ser mi familia en la superación de obstáculos y los desafíos de la vida.

También a mi primo Nico, mi tío Mariano, Beto y mi tía Lupe, Marta que también han creído en mí desde el principio. A mi tía abuela Nico que aunque nos fue mal en los negocios, siempre me tuvo fe.

A todos los amigos y familiares, ustedes saben quienes son, gracias por ser mis constantes compañeros y animarme en todos mis emprendimientos de la vida. Su camaradería y aliento han significado el mundo para mí.

A Janet, que desde la conocí en 2021 ha sido mi compañera en todo mientras perseguía mis sueños, gracias por tolerar mi espíritu aventurero y estar a mi lado en todos los paseos en la montaña rusa. Tu presencia en mi vida ha sido una bendición.

También estoy agradecida con el creador, por guiarme y nunca dejarme rendirme, aún cuando enfrenté momentos de duda e incertidumbre. Creer en algo más grande me ha dado la fuerza para perseverar.

A mis colegas y a mis maravillosos alumnos, gracias por permitirme ser su maestro y compartir mis conocimientos sobre la tecnología blockchain y el baloncesto. Ha sido un privilegio educarlos y entrenarlos, con la esperanza de que haya inspirado a las mentes jóvenes.

A mis hermosas hijas Isabela, Alexia y Ximena, gracias por su comprensión y paciencia. Sé que mi vida ha sido compleja, pero su amor y apoyo me han mantenido conectado a tierra y motivado para ser el mejor padre que puedo ser. Son mi orgullo y alegría, y aprecio cada momento con ustedes.

Y por ultimo a cada uno de ustedes lectores y fans, estoy agradecido por su apoyo. Gracias desde el fondo de mi corazón.

CONTENTS

Title Page
Dedication
Prefacio
Prólogo:

¿Cómo llegué aquí?	1
La historia de la criptomoneda	22
Los fundamentos que necesitas saber	32
Análisis técnico	43
Empezando	54
Trading en Margen y Futuros	64
Exchanges, manipulación y prevención del fraude	83
Cuándo vender corto, hodl o cerrar una posición	95
Regla 20/80	106
Estabilidad emocional y miedo a perderse algo (FOMO)	115
Conviértete en tu propio Gurú, Master Trader	123
CONCLUSIONES	128
About The Author	133
NOTA:	135
Fuentes:	137

PREFACIO

El anhelo de ser escritor se apoderó de mí en 1999, en los momentos más oscuros de mi vida cuando los libros se convirtieron en mi refugio de las garras de la realidad. Como lector voraz, percibí una demanda insaciable de literatura. Por lo tanto, me embarqué en un viaje de escritura, sumergiéndome en la ficción mientras siempre albergaba el conocimiento de que mi libro inaugural sería de una clase diferente: no ficción. Mi pluma permaneció activa mientras me adentraba en el mercado de valores en los siguientes años, incluso mientras ejercía mi oficio como editor de patentes en Ohio. La convergencia de mi fervor por el baloncesto, la inversión en la bolsa de valores y la escritura alimentó mi pasión. Hoy, más de dos décadas después, estoy al borde del precipicio de compartir con ustedes mis escritos y mis conocimientos sobre el mercado. Este tomo está diseñado para el mercado cripto, un ámbito de innovación sin igual y un vasto ámbito de oportunidades y riesgos. Sin embargo, como dice el adagio, "Sin riesgo, no hay recompensa".

El riesgo ha sido un compañero constante a lo largo de mi existencia y, a medida que avanzo en esta coyuntura, me inclino a asumir el papel de mentor para aquellos que se embarcan en sus propias odiseas cargadas de riesgos. Un ferviente creyente en la correlación entre riesgo y recompensa, abogo por un enfoque equilibrado. Las oportunidades abundan, pero las complejidades del riesgo deben sopesar meticulosamente, ya sea en inversiones, empresas, relaciones o decisiones de suma importancia.

Mi esperanza, querido lector, es que este libro siembre dentro de usted la mentalidad esencial para un triunfo rotundo, ya sea que atraviese el panorama del mercado de criptomonedas o navegue por su dominio profesional o empresarial. Expreso mi anticipación de que disfrute de este libro y mis más sinceros deseos de prosperidad en este emocionante viaje como empresario, atravesando el mercado más tumultuoso de la tierra, un mercado que está repleto de perspectivas incomparables de rendimientos, particularmente en el ámbito de Bitcoin, XRP y otras criptomonedas. Este libro, basta con decir, es su compendio para el éxito, aclarando cómo acumular ganancias. Sin embargo, el horizonte de la riqueza se extiende más allá del comercio, atrayendo hacia el ámbito de la asignación diversificada de activos.

Incluso si su viaje comienza con medios modestos y escasos recursos, sin importar si navega con $100 o $1 millón. Los principios que se imparten en estas páginas son de aplicación universal y abarcan desde el trading en spot de criptomonedas hasta el trading con margen y la navegación del apalancamiento en el mercado de futuros con precaución.

Sin embargo, este no es un libro dedicado únicamente al trading, es una exploración del cautivador reino de Blockchain y las criptomonedas. Aceptando mi papel como emprendedor, me he mantenido firme frente a los desafíos y estoy comprometido a compartir mis anécdotas personales contigo, ofreciéndote ideas y motivación invaluables para superar cualquier obstáculo que se presente en tu camino.

Confío en que el contenido de este libro no sólo satisfará sus expectativas, sino que las superará, impulsándolo hacia el éxito en un mercado en constante cambio. Emprendamos este viaje juntos, emergiendo del otro lado equipados con el conocimiento, las habilidades y la mentalidad que corresponde a un próspero trader y empresario de criptomonedas.

PRÓLOGO:

Me siento obligado a compartir con ustedes el extraordinario impacto que Richard Rosales ha tenido en innumerables vidas, incluida la mía. Ha dejado una huella imborrable en las comunidades locales de Sayulita, San Pancho y Bucerías en la Riviera Nayarit. El enfoque único de Richard para el desarrollo de la comunidad, que combina el poder de la tecnología Blockchain con su pasión por el baloncesto, ha generado algo realmente especial. Ser testigo de su dedicación y compromiso para marcar la diferencia fue impresionante. Primero tuve el placer de conocerlo en los círculos de Bienes Raíces de Puerto Vallarta, donde su excepcional trayectoria me cautivó de inmediato.

Lo que distingue a Richard no es solo su inquebrantable voluntariado, sino también su experiencia como empresario y especialista en criptomonedas. Es realmente sorprendente cómo logró sobresalir en múltiples dominios simultáneamente. Leer este libro es absolutamente obligatorio si estás en Cripto. Sus páginas están llenas de escenarios de casos de la vida real que no encontrará en ningún otro lugar. El libro profundiza en la intersección de las criptomonedas, y el espíritu empresarial. Créame cuando le digo que disfrutará de este libro al igual que yo. A través de su trabajo y escritos, se ha convertido en un faro de inspiración y no solo ha tenido un impacto positivo en la vida de muchos, sino que también ha cambiado el panorama de estas comunidades vibrantes para siempre. No te arrepentirás de sumergirte en el mundo de las experiencias y conocimientos de Richard sobre el mundo de las criptomonedas.

Janet Minard
Fundadora y presidenta de Toronto Home Realty
Vicepresidente de Lujo AREAA
Especialista Certificado en Propiedades Internacionales (CIPS)
23 de julio de 2023

¿CÓMO LLEGUÉ AQUÍ?

De vaquero a empresario y trader de criptomonedas.

FIGURA 1.1 Richard Rosales a los 2 años en Colotlán, Jalisco.

Nací en Colotlán, Jalisco, una pequeña ciudad ubicada entre Jalisco y Zacatecas en México, donde es famosa por sus extraordinarios cintos piteados, 100% artesanales. Mi padre, una persona diligente y decidida, trabajó incansablemente supervisando el próspero negocio ganadero de mi abuelo. Don Mariano, mi abuelo, fue ampliamente reconocido como uno de los hombres más prósperos de su época, poseyendo extensas tierras, incluyendo el notable Rancho San Nicolás. Nuestra familia ocupó una posición destacada como el minorista de ganado líder en la región, realizando importantes transacciones fuera del estado. Parecía que mi abuelo continuaba el legado dejado por mi bisabuelo, asegurando la prosperidad y el éxito del legado de nuestra familia.

Don Juan Rosales se instaló en San Nicolás cuando era joven a fines del siglo XIX, y su origen sigue siendo un misterio hasta el día de hoy. Se destacaba del típico hombre mexicano, con su figura alta, pálida y llamativos ojos azules. Surgieron especulaciones, y algunos creyeron que era de ascendencia alemana. Cómo llegó allí sigue siendo un misterio. Igual se dice que su apellido lo eligió por su admiración de las hermosas rosas de México, cuentos que su hija Nicolasa compartió conmigo.

FIGURA 1.2 Rancho San Nicolás Jalisco.

Independientemente de su origen, Don Juan poseía un hambre insaciable de amasar una fortuna. A su llegada, no tenía nada más que ropa puesta y no tenía familia en quien confiar. Sin inmutarse, comenzó desde cero, trabajando incansablemente día tras día. Eventualmente, logró adquirir una pequeña parcela de tierra que se consideró indeseable debido a su terreno rocoso y traicionero. Aunque parecía imposible cultivar o construir algo en él, Don Juan vio potencial en la tierra.

Mi bisabuelo descubrió el carbón mientras excavaba en las montañas rocosas, lo que marcó el comienzo de su aventura en la minería del carbón. Emprendería un viaje a Guadalajara, que generalmente tomaría uno o dos días, para vender el carbón. Sin embargo, no se contentaba solo con el comercio del carbón, y en su viaje de regreso, cargaba su carreta con varias mercancías para vender en la región de Zacatecas. Esta inteligente estrategia le permitió maximizar sus ganancias y expandir su negocio.

FIGURA 1.3 Don Juan Rosales

El espíritu emprendedor y la destreza de Don Juan en la industria de bienes raíces lo convirtieron en una figura notable en su tiempo. A través de pura determinación y trabajo duro, amasó una gran riqueza, convirtiéndose en la persona más rica de la región. Como testimonio de su éxito, legó sus riquezas a sus hijos, quienes siguieron sus pasos y lograron un éxito notable. Su influencia fue innegable, dejando un impacto duradero en la comunidad. Mi abuelo, inspirado por el legado de su padre, llevó la antorcha empresarial, asegurando su continuación para las generaciones venideras. Hoy en día, el espíritu emprendedor y la perspicacia comercial de la familia aún prosperan, y sus hijos y nietos continúan con el legado con orgullo.

Recuerdo una niñez maravillosa llena de abundancia y alegría. Tuve la suerte de tener mi caballo y trajes de charro hechos a medida, junto con los juguetes más nuevos y codiciados con los que un niño podría soñar. Sin embargo, todo cambió cuando mi padre decidió mudarse a Virginia, Estados Unidos en busca de mejores oportunidades y prosperidad. Dejando atrás nuestra cómoda vida en México, nos enfrentamos a una dura realidad en los Estados Unidos. Tuvimos que adaptarnos al clima frío, soportar la escasez de suministros e incluso experimentar escasez ocasional de alimentos durante los primeros años. Al principio, mi padre y mi madre lucharon por encontrar un empleo adecuado, pero su determinación los empujó a perseverar. Todos enfrentamos los desafíos juntos y logramos seguir adelante, sin renunciar nunca a nuestros sueños.

Crecí como el mayor entre mis hermanos, y desde muy joven me destaqué académicamente, aprendí rápidamente el idioma y me involucré en los deportes, especialmente en el baloncesto, que siempre ha sido una parte integral de mi vida. Desde muy joven, me atrajo la emoción del juego. Participé en varios deportes como fútbol americano, fútbol y gimnasia, pero fue el baloncesto lo que realmente cautivó mi corazón. Mostré un talento prometedor desde el principio y, a la edad de 14 años, ya me erguía con 6'3".

Sin embargo, la vida tenía otros planes para mí, y tuve que equilibrar la escuela con los compromisos laborales, lo que desafortunadamente obstaculizó mi camino para dedicarme profesionalmente al baloncesto. Aunque es posible que no haya cumplido mis propios sueños en la cancha, esta experiencia me infundió un profundo deseo de apoyar y alentar a otros atletas jóvenes a perseguir sus propios sueños en el baloncesto.

Como resultado, me encargué de marcar una diferencia en las vidas de los aspirantes a jugadores de baloncesto al fundar tres clubes de baloncesto en la región. Quería brindarles las oportunidades y los recursos que, lamentablemente, me perdí. Ser testigo de la alegría y el entusiasmo de los niños en la cancha encendió una sensación de satisfacción dentro de mí. Quería que tuvieran acceso al deporte, entrenamiento adecuado y una comunidad de apoyo que ayudaría a nutrir su talento y potencial.

Comenzar estos clubes de baloncesto desde cero no estuvo exento de desafíos, pero la determinación de tener un impacto positivo en las vidas de los jóvenes me mantuvo en marcha. Estos clubes se han convertido en un lugar donde los atletas jóvenes pueden prosperar, crecer y desarrollarse no solo como jugadores sino también como individuos. Me da una inmensa alegría verlos abrazar el deporte, trabajar duro y sobresalir en su viaje de baloncesto.

Crear estas oportunidades para que los niños vivan sus sueños de baloncesto se ha convertido en una fuerza impulsora en mi vida. Me ha enseñado la importancia de retribuir y apoyar a la próxima generación. A través de estos clubes, mi objetivo es impartir habilidades esenciales para la vida de estos jóvenes atletas: disciplina, trabajo en equipo y el valor de la perseverancia, que los beneficiará más allá de la cancha.

Empecé a trabajar desde muy joven, primero en una fábrica de libros, donde concibió la pasión por los libros. Más tarde, encontré empleo en un resort, donde me especialicé en la venta de tiempos compartidos. Pero mi verdadera ambición era convertirme en un exitoso hombre de negocios como mi bisabuelo. Inspirado por su espíritu emprendedor, incursioné en la industria automotriz, comprando y vendiendo autos para acumular riqueza. Mientras tanto, mi padre se había establecido como un constructor de renombre, y eventualmente comenzó su propio negocio exitoso. Admiré su dedicación y artesanía en trabajar la mampostería de piedra.

Después de graduarme del bachillerato, me matriculé en la universidad para obtener un título en Administración de Empresas. Esta decisión alimentó mi ambición y deseo de acumular riqueza. Determinado a tener éxito, trabajé incansablemente en dos trabajos y aproveché cualquier oportunidad para vender artículos que generaran ganancias. Anhelaba establecer mi propio legado y continuar con las tradiciones de mis antepasados. La satisfacción de ganar dinero extra era inmensa, y cuando cumplí 20 años, estaba bien encaminado para lograr mi objetivo de convertirme en millonario.

En septiembre de 1999, mi vida dio un giro inesperado. Estaba todo listo para asistir a mi clase vespertina en la Universidad cuando mi primo, que se estaba aventurando en el mundo empresarial como yo, buscó mi ayuda para traducir para un negocio. Se ofreció a compensarme, lo que me tentó a saltarme la clase y ayudarlo. No podía soportar la idea de decepcionarlo, y la oportunidad de ganar algo de dinero extra fue un incentivo adicional.

Ese incidente fue una prueba aterradora para nosotros y nuestra familia. Resultó ser un ataque planeado, no entraré en detalles, sería suficiente para escribir otro libro. Fue una experiencia devastadora que nos obligó a dejar todo atrás. Teníamos una familia maravillosa y un futuro prometedor, y en ese momento, mi corazón se rompió en pedazos dejando atrás a la mujer que amaba y una hermosa hija. Sin embargo, con el paso del tiempo, me di cuenta de que este desafortunado evento era parte de mi destino. Me enseñó a apreciar el valor de la vida y a convertirme en la persona que soy hoy. De manera similar, mi primo también aprendió valiosas lecciones de este incidente, y su determinación y arduo trabajo lo han llevado a un éxito inmenso.

Ahora tiene una hermosa familia propia.

Mientras yo estaba pasando por tribulaciones, mi abuelo también pasó por algunas dificultades intensas. Todo su ganado fue robado junto con los trailers. Para cubrir su pérdida y los gastos legales, tuvo que vender una parte importante de su tierra. Sin embargo, no pudo recuperarse de este contratiempo y gradualmente lo perdió todo, incluida su salud. Ser testigo de esto me preocupó profundamente y alimentó mi determinación de tener aún más éxito.

Terminé estableciéndome en el estado de Ohio durante un par de años, y decidí continuar mi educación universitaria en finanzas y seguir una especialización en negociación bursátil. Fue durante este tiempo que comencé a operar activamente con acciones. Me di cuenta de la importancia de comprender las velas japonesas y comencé a adoptar un enfoque más disciplinado para mis operaciones. Para mejorar mis conocimientos y habilidades, formé un grupo de estudio con mi amigo surcoreano, Lee, que era experto en operaciones bursátiles y tenía un amplio conocimiento de las finanzas. También nos reunimos con un administrador de fondos de cobertura que nos enseñó valiosas técnicas y conocimientos que no se pueden encontrar en ningún libro. A través de nuestras sesiones de estudio diarias, obtuve una comprensión más profunda de las complejidades del mercado de valores y desarrollé la experiencia necesaria para tomar decisiones comerciales informadas.

Nos sumergimos con dedicación en la lectura del Wall Street Journal y otros periódicos y revistas financieros para mantenernos bien informados. Devoramos todos los libros disponibles sobre inversión y negocios, esforzándonos por convertirnos en expertos en el campo. Aunque había experimentado una pérdida significativa de riqueza, lentamente comencé a recuperarme a través del la compra y venta de acciones. Esos años me enseñaron lecciones invaluables, con la mayor sabiduría surgida de mis propios errores. En mi fervor por conquistar el mundo en un tiempo récord, cometí numerosos errores. Siendo joven e inquieto, estaba decidido a tener éxito, pero enfrenté reveses tempranos en la vida. Esto me obligó a contemplar que existen numerosos caminos para acumular capital, y no es necesario intentarlos todos ni complacer a todos.

Creo firmemente en el concepto de causa y efecto, donde cada acción que realizamos tiene sus consecuencias. Debemos entender que eventualmente tendremos que enfrentar las repercusiones de nuestros errores. Con esto en mente, he escrito este libro con la intención no solo de guiarlo para que se convierta en un comerciante de criptomonedas exitoso, sino también de ayudarlo a convertirse en una persona próspera que pueda evitar cometer los mismos errores que yo cometí.

Después de experimentar cierto éxito en el comercio y establecer algunas empresas emergentes, sentí un llamado en 2007 para regresar a México en busca de mi destino. En consecuencia, opté por establecerme en Guadalajara, convirtiéndola en mi nuevo hogar. Durante este tiempo, también decidí explorar nuevas vías y comencé a comerciar de noche y, al mismo tiempo, incursionar en el negocio de las tiendas de abarrotes en Tonalá, Jalisco.

FIGURA 1.4 Uno de los negocios que tenía en Guadalajara.

La vida ha sido una montaña rusa, llena de altibajos. En 2009, me embarqué en un nuevo capítulo cuando me casé con una mujer notable, una hermosa mezcla de herencia alemana y mexicana. Su familia pertenecía a una comunidad alemana influyente en Guadalajara y, a través de ella, tuve el privilegio de conocer personas increíbles de diversos orígenes.

Juntos, dimos la bienvenida a dos hermosas niñas a nuestras vidas y se convirtieron en el centro de nuestro mundo. En medio de las alegrías de la vida familiar, continué con mis actividades empresariales y mi jornada de trading, con la esperanza de crear un futuro mejor para mis seres queridos. Sin embargo, la vida tiene sus giros y vueltas, y durante algunos momentos difíciles, mi matrimonio llegó a su fin. Si bien fue un momento difícil, no guardo resentimiento y entiendo que el viaje de la vida puede llevarnos en direcciones inesperadas.

A través de mi matrimonio, también tuve la oportunidad de conectarme con una maravillosa comunidad peruana en Guadalajara. Su calidez, cultura y perspectiva única enriquecieron mi vida y ampliaron mis horizontes. Valoro las amistades que surgieron de estos encuentros y atesoro los recuerdos que compartimos.

Además, me convertí en parte de Black Bear Medicine Lodge, un grupo dirigido por un hombre notable que trajo sus enseñanzas desde Canadá. Esta experiencia me presentó a una comunidad de personas increíbles que adoptaron el crecimiento espiritual y el autodescubrimiento. La sabiduría compartida y las conexiones forjadas durante este tiempo me dejaron un impacto duradero.

El viaje de la vida me ha puesto en contacto con tantas personas maravillosas de diversos ámbitos de la vida. Su influencia, apoyo y comprensión han sido cruciales durante los altibajos de mis actividades empresariales y personales. A través de todo esto, he aprendido el valor de las conexiones genuinas y el poder de aceptar la diversidad.

Cuando miro hacia atrás en estos capítulos de mi vida, me llena de gratitud por las experiencias y las relaciones que me han convertido en la persona que soy hoy. Cada encuentro, ya sea en los negocios, el matrimonio o la exploración espiritual, ha sido una valiosa oportunidad de aprendizaje.

En el futuro, llevo conmigo los recuerdos de las personas increíbles que he conocido y las lecciones que impartieron. Permanezco abierto a nuevas experiencias y amistades que puedan surgir en mi camino, entendiendo que el viaje de la vida es un mosaico de conexiones significativas. Estoy agradecido por las experiencias enriquecedoras y las personas que han marcado una diferencia en mi vida, y espero con ansias las aventuras que se avecinan.

En ese mismo año, también decidí convertirme en asesor financiero profesional con Tanrich y comencé a operar con oro y divisas por mi cuenta y para algunos clientes. Junto a esto, continué dirigiendo mis negocios exitosos. La emoción y el entusiasmo del mundo trading me mantuvieron enganchado, y finalmente decidí operar a tiempo completo una vez más. El ser trader y el espíritu empresarial corren por mi sangre.

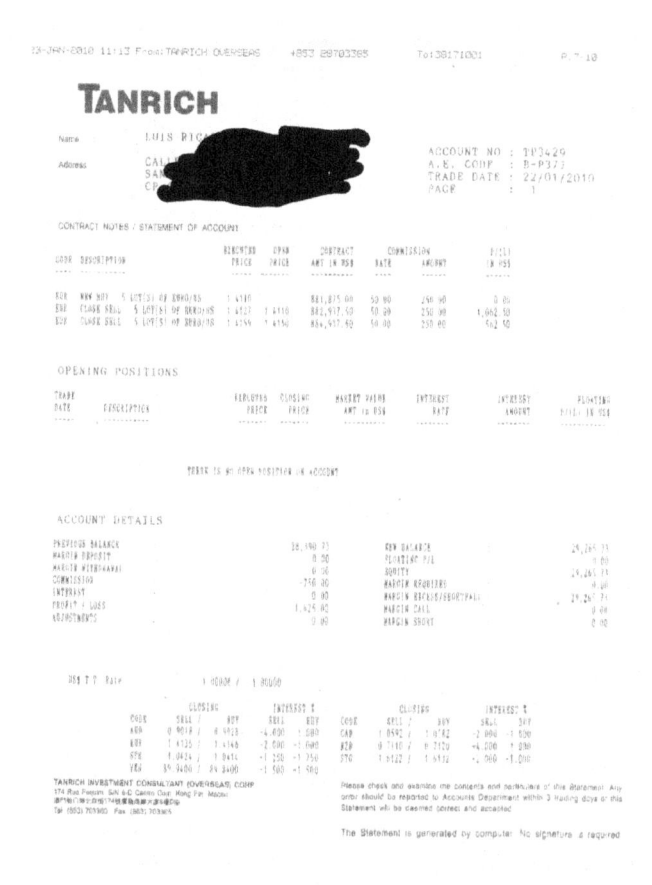

FIGURAS 1.5 Estado de cuenta de algunos trades en Divisas.

En 2010 leí un artículo sobre Bitcoin. No presté atención, mientras hacía trading con materias primas en el corazón del exclusivo distrito financiero de Guadalajara en la Av. Américas. En ese momento, estaba más envolucrado en la compra y venta de metales preciosos. Forex era demasiado volátil en ese momento para mis clientes y el oro parecía más predecible y manejable para acumular capital.

FIGURAS 1.6 Oficina en el distrito financiero
Av. Americas Zapopan, Jal.

Supuse que Bitcoin era un fraude. No era una compañía, no tenía dueño, solo un personaje anónimo conocido como Satoshi Nakamoto. Ni siquiera podría invertir en él si quisiera mientras vivía en México. Incluso cotizar en la bolsa de valores mexicana era complejo. No fue tan fácil como lo fue en los Estados Unidos. En los Estados Unidos pude hacer trading sin problema. Mi corredor preferido fue Scottrade, pero cuando me mudé a México, ya no pude usarlo. No conocía de VPN y en México sólo podías operar con acciones tradicionales y para empezar necesitabas al menos $50,000 USD.

Yo era muy nuevo en cómo se hacían los negocios en México. También cometí muchos errores en México, pero uno de los más grandes fue ignorar Bitcoin. Para el 2013 ya había aprendido la manera difícil de hacer negocios en México. Me habían estafado en algunos lotes sobrevaluados. Perdí capital en Forex al confiar en otro corredor para ejecutar mis operaciones. Estaba tan ocupado dirigiendo otras empresas, que al final fracasé miserablemente debido a la falta de administración, problemas de inseguridad, corrupción, robo e incluso extorsión, sobre lo cual no entraré en detalles en este libro.

FIGURAS 1.7 Cubeta Express, uno de mis emprendimientos en GDL.

Fue un período tumultuoso, lleno de los altibajos del éxito y los bajos de enfrentar las consecuencias de mis propias ambiciones. No puedo culpar a nadie más que a mí mismo por los errores que cometí en mi búsqueda de conquistar el mundo. Había asumido demasiado, demasiado rápido, y finalmente me llevó a un punto de ruptura.

Después de cinco hermosos años de matrimonio, mi relación llegó a su fin. Había estado tan absorto en mis aventuras empresariales y actividades comerciales diarias que perdí de vista lo que realmente importaba: nutrir y apreciar el vínculo con mi pareja. Me di cuenta de que había descuidado mi vida personal y las necesidades de mis seres queridos en mi incansable búsqueda del éxito.

Fue una llamada de atención, y sabía que tenía que hacer cambios. Me alejé de administrar cualquier negocio y decidí aventurarme en un ámbito diferente: Bienes Raíces. Proporcionó una nueva perspectiva y me permitió reenfocar mi energía en activos más estables y tangibles. Además, comencé a enseñar inglés en algunas instituciones privadas, lo que me proporcionó una sensación de satisfacción al contribuir a la educación de los demás.

El trading, que siempre había sido una pasión para mí, seguía siendo parte de mi vida, pero ahora lo abordaba de manera diferente. Lo hacía a tiempo parcial, lo que me permitió lograr un equilibrio más saludable entre mi vida profesional y personal. Estaba decidido a aprender de mis errores del pasado y ser más consciente de mis prioridades.

Mirando hacia atrás, estoy agradecido por las experiencias que me formaron, incluso las difíciles. Me enseñaron resiliencia, humildad y la importancia de aceptar el cambio. Hoy soy más fuerte, más sabio y más consciente de la importancia de mantener un equilibrio armonioso en todos los aspectos de la vida.

Una vez más escuché sobre Bitcoin y vi cómo estaba creciendo. Tenía una comunidad fuerte. Tuve que admitir que me equivoqué, ¡no fue un fraude! Aún así, no había oportunidades sólidas sobre cómo involucrarme en México, al menos yo no sabía de ninguna, solo podías encontrarlas en el mercado negro, y decidí esperar. Luego, en 2016, finalmente lo probé a través de un intercambio mexicano llamado Bitso, incluso recuerdo la fecha, fue el 25 de septiembre de 2016, cuando compré Bitcoin por primera vez. Abrí una billetera y probé por primera vez Bitcoin cuando costaba alrededor de $600 USD. Solo compré 0.08869987 para probarlo, y el resto es historia.

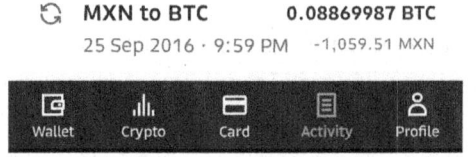

FIGURA 1.8 Primera criptografía comprada.

Continué comprando más Bitcoin cada vez y luego encontré una plataforma de trading que se ajustaba a mis necesidades como trader profesional. Empecé a comerciar con BitMex altamente especulativo. Aunque yo era un experto, este innovador instrumento financiero era tan diferente de las acciones tradicionales que se parecía más a forex con turbo. Las formaciones de palos de velas tradicionales no funcionaban, los patrones eran inestables y era el mercado más volátil que jamás había visto. Nunca había visto un instrumento tan volátil como Bitcoin y otras criptomonedas en ese momento como ZCash, Ethereum, Dash, XRP y Monero. Bitcoin no respetó los niveles de soporte y resistencia, hizo lo que quería hacer en esos tiempos.

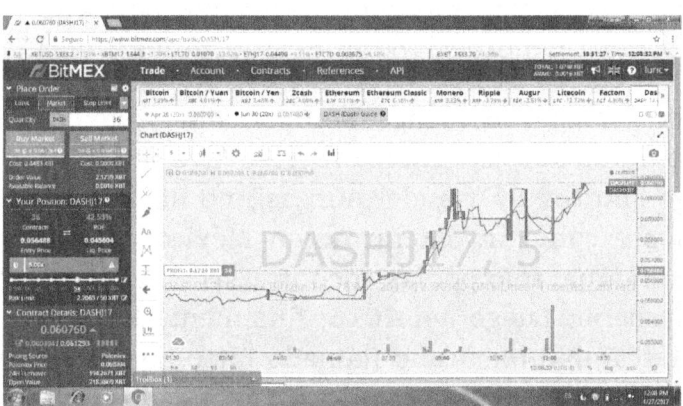

FIGURA 1.9 Trading Dash en Bitmex 4/27/2017 Ganancias de 0.1729 Bitcoin.

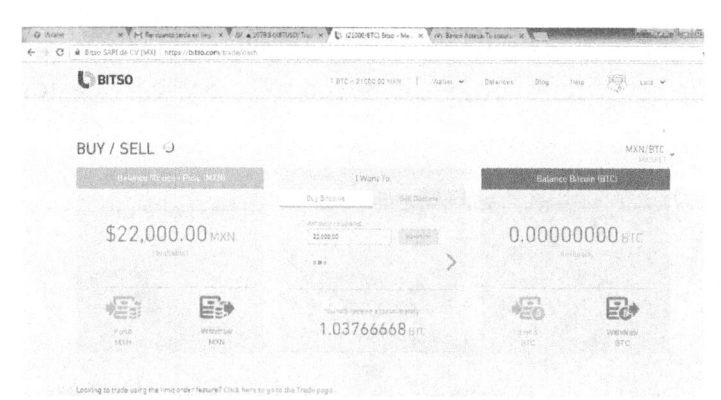

FIGURA 1.10 Bitso comprando 1 Bitcoin cuando el precio estaba en 21,000.00 MXN.

Bitcoin se movió un 10% en cuestión de segundos, estaba operando con el instrumento más líquido y volátil del mundo. Fue muy emocionante ser parte de este movimiento. Se le permitió usar un apalancamiento de 100X, pero esta fue la peor decisión que pudo tomar en ese entonces y ahora, no lo recomiendo de ninguna manera. Discutiremos el apalancamiento en los siguientes capítulos. Creo que es necesario, pero con mucha disciplina y siguiendo los consejos que doy en este libro.

He sido un firme creyente en Bitcoin y Blockchain, pero después de hacer una investigación exhaustiva, tomar tantos cursos de Blockchain como sea posible y obtener un certificado de Blockchain. Estoy convencido de que XRP será uno de los activos digitales líderes en el futuro. No espero que todos los que lean este libro estén de acuerdo conmigo.

Muchos son Bitcoin Maxies incondicionales y lo respeto, también creo en Bitcoin. Este año estuve en el evento Bitcoin Pizza Day en la Ciudad de México en la Embajada de Bitcoin, y tuve el placer de hablar con personas muy inteligentes en la comunidad cripto, a pesar de que eran prácticamente todos Bitcoin Maxies. Mis conversaciones de XRP fueron limitadas, pero respeté sus puntos de vista.

Ser parte de la comunidad Crypto ha sido un verdadero placer y un honor. Me ha permitido conectarme con personas de ideas afines y convertirme en un líder dentro de la comunidad

XRP en México. Pero mi pasión por la educación y la tecnología Blockchain se extiende más allá del comercio y la inversión.

FIGURA 1.11 Presentaciones de Blockchain Zapopan Jal. 2017.

LA VIDA DE UN CRIPTO TRADER

FIGURA 1.12 Presentaciones de Blockchain Bucerias, Nay. 2018.

FIGURA 1.13 Presentaciones de Blockchain Sayulita, Nay. 2019.

Desde 2017, he estado organizando proyectos de Ciencias para estudiantes de primaria y secundaria, con un enfoque especial en la tecnología Blockchain. Estos proyectos se han llevado a cabo en los estados de Jalisco y Nayarit, y cada año me llena de emoción y alegría ver a las mentes jóvenes explorar el mundo de Blockchain.

Una de las experiencias más gratificantes fue el proyecto NFT (Non-Fungible Token) que realizamos en Sayulita el año pasado (2022). Fue el primero de su tipo en el estado de Nayarit y resultó ser un éxito. Ser testigo del entusiasmo y la curiosidad de los estudiantes mientras se adentraban en el mundo del NFT llenó mi corazón de orgullo y esperanza para el futuro.

Quiero recalcar que nunca he buscado apoyo de escuelas ni busco patrocinadores para estos proyectos. Los emprendo con el único propósito de educar a la comunidad y crear conciencia sobre el increíble potencial de la tecnología Blockchain, especialmente en el contexto de las criptomonedas como XRP y Bitcoin.

Para mí, no se trata de ganar dinero o buscar reconocimiento. Se trata de retribuir a la comunidad y empoderar a la próxima generación con el conocimiento y las habilidades necesarias para prosperar en la era digital. Al presentarles a las mentes jóvenes la tecnología Blockchain desde el principio, espero despertar su curiosidad y alentarlos a explorar las infinitas posibilidades que tiene para su futuro.

Mi creencia en el poder transformador de la educación me impulsa a continuar con estas iniciativas año tras año. Es mi forma de contribuir a un futuro más brillante para nuestros niños y crear una comunidad más informada y con conocimientos tecnológicos.

Estoy realmente agradecido de ser parte de este viaje y estoy comprometido a desempeñar mi papel en la difusión del conocimiento y el potencial de la tecnología Blockchain a tantas mentes jóvenes como sea posible. A través de estos proyectos, espero inspirar y empoderar a la próxima generación de líderes, innovadores y solucionadores de problemas, que darán forma al futuro del mundo Crypto y Blockchain.

También soy un gran promotor de baloncesto. En 2017 me mudé a Bucerías, en la Riviera Nayarit, donde continué trading y entrené a múltiples equipos y creí comunidades de baloncesto en Sayulita, San Pancho y Bucerias. He sido voluntario en México y he apoyado fundaciones sin fines de lucro como hoop.camp, que creo que son increíbles predicando el evangelio del baloncesto en cualquier lugar al que los inviten. Recientemente me invitaron a ser voluntario en Mérida, lo cual fue muy gratificante para ayudar a los niños con necesidades especiales.

Cada oportunidad de tener un impacto positivo es una oportunidad que aprovechó con entusiasmo. Ya sea a través de mis clubes de baloncesto, eventos comunitarios o cualquier otra plataforma, aprovecho cada oportunidad para promover la tecnología XRP, Bitcoin y Blockchain.

Cuando pido camisetas de baloncesto para los clubes, me aseguro de incluir el logotipo de XRP en ellas. Es un gesto pequeño pero significativo que crea conciencia sobre el increíble potencial de las criptomonedas y blockchain entre los jugadores, sus familias y los espectadores. Despierta la curiosidad y anima a las personas a hacer preguntas, lo que a su vez me permite compartir mis conocimientos y experiencias en el mundo de las criptomonedas.

Del mismo modo, cuando me ofrezco como voluntario para pintar una cancha de baloncesto, me aseguro de que se muestre el logotipo de XRP. Creo firmemente que cada oportunidad para educar y crear conciencia sobre las criptomonedas y blockchain es valiosa. No se trata de impulsar una agenda o promover una moneda en particular; se trata de presentar a las personas una tecnología transformadora que tiene el potencial de cambiar el mundo.

A lo largo de mi viaje como comerciante, educador y líder comunitario, he visto el poder del conocimiento y la comprensión. Al integrar Blockchain en varios aspectos de mi trabajo comunitario, espero inspirar a otros a explorar este fascinante mundo de activos digitales y tecnología descentralizada. Al final, no se trata solo de operar o invertir; se trata de empoderar a las personas con el conocimiento y las herramientas para tomar decisiones informadas y abrazar el futuro con confianza.

FIGURA 1.14 XRP Logotipo que patrociné en Jerseys para Liga de Puerto Vallarta.

FIGURA 1.15 XRP Logotipo que patrociné en Jerseys para Liga de Bahía de Banderas.

Hoy, mi viaje me ha llevado a un punto en el que tengo un profundo conocimiento de la tecnología blockchain y su inmenso potencial. Si bien mis esfuerzos comerciales permanecen activos, he cambiado mi enfoque más para convertirme en un evangelista de XRP, Bitcoin y blockchain. Basándome en mi experiencia en finanzas y mi extensa investigación, me apasiona difundir la conciencia y el conocimiento sobre estas tecnologías transformadoras.

Durante los últimos siete años, me he dedicado a esta misión a tiempo completo. Mi visión es ver tecnologías como XRPL integradas en nuestra vida diaria, creando un mundo seguro e incorruptible. Me da una gran satisfacción contribuir a la comunidad compartiendo mis experiencias y puntos de vista.

A medida que continúo promoviendo y educando a diferentes comunidades, me impulsa la creencia de que estas tecnologías tienen el potencial de revolucionar varios aspectos de nuestras vidas. Desde Bahía de Banderas hasta Nayarit y Guadalajara, persistiré en mis esfuerzos por inspirar y educar a otros sobre el poder de XRP, Bitcoin y blockchain, con la esperanza de tener un impacto positivo en nuestro futuro colectivo.

LA HISTORIA DE LA CRIPTOMONEDA

Bitcoin y hacia dónde nos dirigimos?

FIGURA 2.1 Estatua de Satoshi Nakamoto.

Cuando un producto innovador se vuelve disruptivo, puede tener un impacto sísmico, y no pude evitar notar la demanda de una economía independiente después de presenciar la turbulencia de nuestras dos últimas grandes recesiones: la burbuja de las .com en 2002-2003 y la burbuja inmobiliaria en 2007-2008. Fue durante estos tiempos de agitación financiera que se sembraron las semillas del cambio, lo que condujo al nacimiento de Bitcoin en 2009. Satoshi Nakamoto, el escurridizo creador o grupo detrás de este concepto revolucionario, vio las fallas en nuestros sistemas económicos tradicionales y decidió regalar el mundo con Bitcoin como un medio para iniciar una revolución financiera.

No fue hasta 2010, el año siguiente a su creación, que me encontré por primera vez con el término "Bitcoin". Como corredor de materias primas profesional, me encontré inmerso en el mundo financiero, y al enterarme de esta moneda digital novedosa, me di cuenta de algo como un rayo. Nuestras economías y gobiernos no eran igualmente estables cuando se trataba de salvaguardar la salud económica de las personas. Parecía que los sistemas estaban sesgados a favor de la élite privilegiada —los banqueros, los millonarios, la clase alta— mientras dejaban a las personas trabajadoras regulares con pocos recursos en tiempos de crisis. Fue una inequidad que Satoshi Nakamoto identificó y trató de abordar mediante la creación de Bitcoin.

La historia de las criptomonedas se remonta a finales del siglo XX, un período marcado por el desarrollo temprano de varios conceptos y tecnologías que eventualmente allanarían el camino para la aparición de las monedas digitales. Ya en las décadas de 1980 y 1990, visionarios como David Chaum propusieron la idea del dinero electrónico anónimo, sentando las bases para lo que estaba por venir. Del mismo modo, la descripción de Wei Dai de "b-money" en 1998 sirvió como precursor de las criptomonedas que desde entonces han conquistado el mundo.

El momento decisivo en el mundo de las criptomonedas llegó en 2008 con el lanzamiento del innovador documento técnico titulado "Bitcoin: un sistema de efectivo electrónico punto a punto" por el misterioso Satoshi Nakamoto. Dentro de estas páginas se encuentra el modelo para una moneda digital descentralizada: Bitcoin. Diseñado para operar en una red de igual a igual sin ninguna autoridad central, Bitcoin aprovechó el poder de los sistemas distribuidos, la criptografía y la teoría de juegos para crear una plataforma segura y transparente.

En el corazón de la innovación de Bitcoin estaba el concepto de la cadena de bloques, un libro público revolucionario que registraba todas las transacciones de manera descentralizada. A diferencia de las monedas fiduciarias tradicionales, el suministro de Bitcoin era limitado, con un tope establecido en 21 millones de monedas. Esta característica deflacionaria lo distingue de la naturaleza inflacionaria de las monedas fiduciarias como el dólar estadounidense.

En enero de 2009, Nakamoto extrajo el primer bloque, conocido como "bloque génesis", que marcó el nacimiento de Bitcoin como una criptomoneda completamente funcional. La cadena de bloques, el libro mayor público que registraba cada transacción de Bitcoin, nació y proporcionó una transparencia y seguridad sin precedentes.

Con el paso del tiempo, la promesa de Bitcoin como una moneda digital que existía fuera del control de los gobiernos y las autoridades centrales ganó atención y tracción. La naturaleza descentralizada del sistema permitió transacciones globales sin la necesidad de intermediarios como bancos, lo que resultó en tarifas de transacción reducidas en comparación con los sistemas financieros tradicionales.

El éxito de Bitcoin sentó las bases para una nueva era de criptomonedas. Varias otras monedas digitales, a menudo denominadas altcoins, siguieron su ejemplo, adoptando principios similares al tiempo que presentaban sus características y mejoras únicas. Si bien Bitcoin se limitó inicialmente a las comunidades técnicas y de criptografía, en 2010 comenzó a ganar reconocimiento en un contexto más amplio. El mundo quedó asombrado cuando Laszlo Hanyecz hizo historia al comprar dos pizzas por la asombrosa cantidad de 10,000 Bitcoins, un evento que se celebra todos los años como el Día de la Pizza Bitcoin.

En los años que siguieron, Bitcoin ganó una mayor atención, atrayendo fluctuaciones de precios significativas. Otras criptomonedas como Litecoin (2011) y XRP (2012) surgieron como contendientes notables en el panorama de las monedas digitales. Las oscilaciones salvajes de los precios provocaron subidas emocionantes y caídas dolorosas, lo que marcó el comienzo del viaje volátil de estos activos digitales alternativos.

En 2015, el mundo fue testigo del advenimiento de Ethereum, una plataforma innovadora que alteró para siempre el panorama de la tecnología blockchain. Encabezado por la mente brillante de Vitalik Buterin, Ethereum introdujo el concepto de contratos inteligentes y abrió las puertas a las aplicaciones descentralizadas (dApps) que funcionaban con su innovadora cadena de bloques.

Ethereum, una plataforma blockchain descentralizada y de código abierto, proporcionó un terreno fértil para que los desarrolladores construyeran e implementarán contratos inteligentes y dApps. La introducción de los contratos inteligentes fue nada menos que revolucionaria. Estos acuerdos autoejecutables con reglas predefinidas permitieron la automatización de varios procesos e interacciones sin la necesidad de intermediarios, lo que agilizó y simplificó las transacciones complejas en todas las industrias.

En el núcleo del ecosistema Ethereum se encuentra su criptomoneda nativa, Ether (ETH). Ether cumple múltiples funciones esenciales dentro de la red. En primer lugar, actúa como un medio para pagar las tarifas de transacción y los servicios informáticos, lo que incentiva a los participantes de la red y garantiza el funcionamiento fluido de las dApps. En segundo lugar, Ether es negociable en varios intercambios de criptomonedas, lo que lo convierte en un activo valioso en el mercado financiero en general.

El centro de las capacidades de Ethereum es la máquina virtual de Ethereum (EVM), un entorno de tiempo de ejecución que ejecuta contratos inteligentes. El EVM opera aislado del sistema host, una opción de diseño destinada a mejorar la seguridad y mitigar las posibles vulnerabilidades que podrían comprometer la integridad de la cadena de bloques.

Basándose inicialmente en un mecanismo de consenso de Prueba de trabajo (PoW), similar a Bitcoin, Ethereum ha estado a la vanguardia de la exploración de alternativas más escalables y energéticamente eficientes. La ambiciosa actualización de Ethereum 2.0 tiene como objetivo hacer la transición de la red a un mecanismo de consenso de prueba de participación (PoS), que involucra validadores que aseguran la red en función de la cantidad de monedas que "apuestan" o bloquean como garantía. Este cambio promete revolucionar el desempeño y la sustentabilidad de Ethereum mientras allana el camino para la siguiente fase de su desarrollo.

La llegada de Ethereum 2.0 trajo consigo interesantes innovaciones, incluidas cadenas de fragmentos para mejorar la escalabilidad. Las cadenas de fragmentos permiten que la red procese múltiples transacciones en paralelo, lo que aumenta drásticamente la capacidad de Ethereum para manejar una gran cantidad de aplicaciones y usuarios simultáneamente.

La cadena de bloques de Ethereum también ha sido fundamental en el aumento de los tokens ERC-20, que siguen un conjunto estandarizado de reglas definidas en el estándar de tokens ERC-20. Estos tokens han desempeñado un papel fundamental en el surgimiento de las Ofertas iniciales de monedas (ICO) y la recaudación de fondos basada en tokens. Al proporcionar una forma accesible y regulada para que las empresas emergentes y los proyectos recauden fondos, los tokens ERC-20 han democratizado las oportunidades de inversión y empoderado a los empresarios de todo el mundo.

Además, Ethereum ha sido una fuerza impulsora detrás del crecimiento meteórico de las finanzas descentralizadas (DeFi), un sector que abarca varios servicios financieros y aplicaciones basadas en blockchain. DeFi ha dado paso a una nueva era de inclusión financiera, brindando acceso a préstamos, préstamos, intercambios descentralizados y agricultura de rendimiento, entre otros servicios innovadores, sin la necesidad de intermediarios financieros tradicionales.

El auge de las aplicaciones DeFi en Ethereum ha mostrado el inmenso potencial de las redes descentralizadas para alterar los sistemas financieros tradicionales, ofreciendo servicios financieros más rápidos, económicos y accesibles a personas de todo el mundo.

A medida que Ethereum continúa evolucionando y expandiendo sus capacidades, sigue siendo una fuerza poderosa en el mundo de las criptomonedas, cautivando la imaginación de desarrolladores, empresarios e inversores por igual. Con su base construida sobre los principios de transparencia, seguridad y descentralización, Ethereum continúa ampliando los límites de lo que es posible en el mundo de la tecnología blockchain, dando forma a un futuro donde la innovación no tiene límites.

En 2017, el mundo de las criptomonedas experimentó un aumento electrizante en popularidad y valor de mercado. Bitcoin, el pionero en el reino de las criptomonedas, se disparó a un máximo histórico sin precedentes de casi $20,000, captando la atención de los medios y el público en general. El concepto mismo de las monedas digitales parecía estar llegando a un punto de inflexión, y las Ofertas Iniciales de Monedas (ICO) surgieron como la nueva frontera para el crowdfunding, utilizando las criptomonedas como un medio para recaudar fondos para proyectos innovadores.

Sin embargo, a medida que la emoción alcanzó su punto máximo, se produjo una rápida corrección al año siguiente. El mercado de criptomonedas fue testigo de una fuerte caída en los precios, lo que hizo que algunos dudaran de la longevidad de esta industria naciente. El escrutinio regulatorio se intensificó, lo que llevó a varias jurisdicciones a imponer medidas más estrictas para proteger a los inversores y mantener la estabilidad financiera.

Sin embargo, en medio de los tiempos tumultuosos, una cosa permaneció cierta: la tecnología de cadena de bloques continuó su marcha constante hacia la adopción en diversas industrias. Más allá del frenesí especulativo, el potencial transformador de blockchain fue reconocido por empresas e instituciones con visión de futuro, allanando el camino para aplicaciones y casos de uso del mundo real.

Luego llegó 2020, un año que reavivó el fuego de las criptomonedas. El auge de las aplicaciones de finanzas descentralizadas (DeFi) y los tokens no fungibles (NFT) marcó una nueva era de innovación y emoción. Bitcoin una vez más alcanzó nuevos máximos históricos deslumbrantes, consolidando su estado como un activo digital codiciado. Las grandes corporaciones y los inversores institucionales comenzaron a sentarse y tomar nota, reconociendo las criptomonedas como una clase de activos legítimos y potencialmente lucrativos.

Las criptomonedas ya no estaban confinadas a los reinos de la moneda digital; expandieron su alcance a una miríada de aplicaciones e industrias. Entre las innovaciones notables se encontraba el concepto de tokenización de bienes raíces. La capacidad de tokenizar propiedades presentó un cambio revolucionario en la forma en que vemos las transacciones inmobiliarias tradicionales. Hizo que las propiedades fueran más fáciles de comprar, vender y administrar, al tiempo que permitió la propiedad fraccionada, brindó un mayor acceso a oportunidades de inversión y allanó el camino para un mercado inmobiliario más líquido y eficiente.

A medida que evolucionó el panorama de las criptomonedas, la enigmática figura detrás de todo, Satoshi Nakamoto, siguió siendo un enigma. La verdadera identidad de Nakamoto seguía eludiendo al mundo, envuelta en misterio. Desde 2010, Nakamoto se había alejado del desarrollo y la gestión de Bitcoin, dejando que el legado de su creación siguiera su curso. Sin embargo, el profundo impacto de la creación de Nakamoto persistió, dando forma al panorama de las criptomonedas y alimentando una revolución financiera y tecnológica que no mostró signos de desaceleración.

De hecho, esta revolución se había extendido mucho más allá del mero ámbito de las finanzas. La tecnología Blockchain, con su naturaleza inmutable y descentralizada, provocó un movimiento que buscaba desafiar las normas establecidas y empoderar a las personas a nivel mundial. Anunció una era de transparencia, confianza e inclusión, a medida que más y más personas abrazaron el potencial de blockchain y las criptomonedas.

Hoy en día, las criptomonedas han trascendido el estatus de

una curiosidad de nicho, ganando una popularidad significativa y una aceptación masiva. Se han entretejido en el tejido de nuestra era digital, influyendo en todo, desde las transacciones financieras hasta el tejido mismo de cómo imaginamos la propiedad y la transferencia de activos.

A medida que nos adentramos más en los territorios desconocidos de la frontera digital, el impacto de las criptomonedas y la tecnología blockchain sigue siendo una fuerza a tener en cuenta. Con cada día que pasa, surgen innovaciones que remodelan las industrias y redefinen lo que alguna vez se pensó que era imposible. Es un futuro lleno de potencial y promesas, guiado por la visión de un genio anónimo cuya creación colocó al mundo en el camino hacia un futuro descentralizado y transformador.

En medio del vasto ámbito de las monedas digitales, hay una moneda en particular que me llamó la atención y emergió como un jugador destacado: XRP. Este activo digital, creado por Ripple Labs Inc. en 2012, se ha posicionado como un verdadero disruptor en el mundo de las criptomonedas, ofreciendo características únicas y una adopción generalizada que lo distingue de la multitud.

A diferencia de Bitcoin y muchas otras criptomonedas que se basan en algoritmos de consenso de prueba de trabajo que consumen mucha energía, XRP adopta un enfoque diferente. Utiliza el algoritmo de consenso del protocolo Ripple (RPCA), un mecanismo de consenso que permite transacciones rápidas y seguras al validarlas a través de una red de validadores confiables. Este enfoque eficiente ha hecho que XRP se destaque como un cambio de juego, particularmente cuando se trata de transacciones transfronterizas.

Una de las ventajas más convincentes de XRP radica en su notable velocidad y eficiencia. Si bien los sistemas bancarios tradicionales e incluso otras criptomonedas pueden tener dificultades para procesar una cantidad limitada de transacciones por segundo, XRP puede manejar miles de transacciones en el mismo período de tiempo. Esta increíble velocidad lo convierte en una solución ideal para transacciones transfronterizas que exigen una liquidación inmediata, brindando una experiencia fluida e instantánea para los usuarios.

Además, XRP cuenta con tarifas de transacción mínimas en comparación con los sistemas bancarios tradicionales a los que nos hemos acostumbrado. Los bajos costos de transacción lo hacen particularmente atractivo para las instituciones financieras y las personas que buscan soluciones rentables para los pagos transfronterizos. La combinación de tiempos de transacción rápidos y tarifas bajas crea una propuesta convincente para las empresas que buscan optimizar sus procesos de pago globales.

XRP no se limita a ser un activo digital; sirve como un proveedor de liquidez crucial dentro del conjunto de productos de Ripple. RippleNet, la red de pago global construida por Ripple, permite a las instituciones financieras aprovechar XRP como moneda puente durante las transacciones transfronterizas. Esta innovación elimina la necesidad de prefinanciar cuentas en monedas de destino, lo que reduce las restricciones de liquidez y los costos asociados. El resultado es un sistema de pago internacional más eficiente y optimizado que permite a las empresas operar sin problemas a través de las fronteras.

La incansable búsqueda de asociaciones con instituciones financieras de todo el mundo por parte de Ripple ha reforzado aún más la utilidad y la adopción de XRP. Al colaborar con bancos y proveedores de pago, Ripple tiene como objetivo establecer una red global fluida que facilite transacciones internacionales de bajo costo en tiempo real. Este impulso continuo ha elevado la visibilidad de XRP dentro del sector financiero y ha fortalecido su posición como un activo valioso en el mundo de las criptomonedas.

Más allá de su destreza en los pagos transfronterizos, las aplicaciones potenciales de XRP se extienden a varias industrias. Desde facilitar los micropagos y las remesas hasta potenciar las plataformas de comercio electrónico, la escalabilidad y los rápidos tiempos de liquidación de XRP lo convierten en una opción viable para diversas empresas que buscan soluciones de pago optimizadas.

La visión de Ripple no termina ahí. Han fijado su mirada en una nueva frontera: la tokenización de activos como bienes raíces. El concepto de tokenización de bienes raíces ha capturado la imaginación de muchos y promete revolucionar la forma en que se compran y venden propiedades. Al digitalizar los activos inmobiliarios, las propiedades se vuelven más accesibles, lo que facilita que las personas inviertan y liquiden sus propiedades al instante. Además, el uso de la tecnología blockchain garantiza transparencia, fechas de entrega precisas y procesos optimizados que eliminan las onerosas tarifas asociadas con las prácticas tradicionales.

A medida que XRP emerge de las sombras de la incertidumbre regulatoria, está preparado para desempeñar un papel fundamental en el futuro de la tokenización. La asociación estratégica de Ripple con Mexico Home Realty, una sucursal de Toronto Home Realty, ya es pionera en este concepto al ofrecer servicios de tokenización en México con el uso de XRP.

En un panorama financiero en rápida evolución, XRP se erige como un pionero, revolucionando la forma en que realizamos transacciones y transformando las industrias tradicionales. Con sus características únicas, su adopción generalizada y su compromiso inquebrantable con la innovación, XRP ha consolidado su posición como actor clave en el mundo en constante expansión de las criptomonedas, dejando una huella duradera en el futuro de las finanzas.

LOS FUNDAMENTOS QUE NECESITAS SABER

Entender los fundamentos y aplicarlos para el éxito.

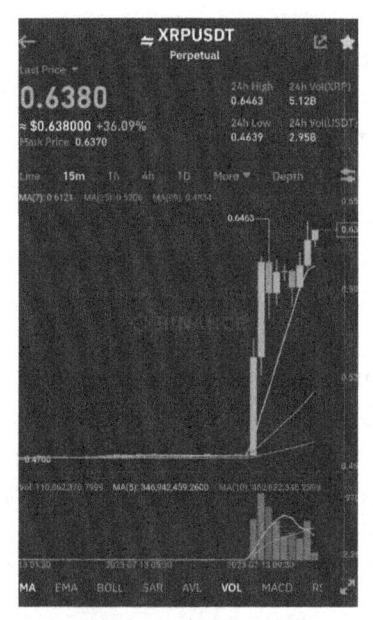

FIGURA 3.1 Gráfico XRP de Binance después de la decisión de la SEC.

El mercado de las criptomonedas se está embarcando en un viaje revolucionario dentro del mundo financiero, y las oportunidades que presenta son ilimitadas. Quería comenzar este capítulo con esta imágen para ilustrar la increíble volatilidad en el mercado de las criptomonedas, que puede generar oportunidades notables para obtener ganancias.

FIGURA 3.2 PNL acumulada https://cuentas.binance.info/register?ref=25175995.

Solo vea las ganancias en un solo mes, ¡un asombroso 120.2880%! Eso es como hacer un 4% todos los días durante 30 días sin interés compuesto. Ahora, imagine si este resultado se basará en una inversión inicial de 1,000,000 USD: ¡habría obtenido un total de 1,202,880 USD en ganancias! Este nivel de crecimiento no solo es posible sino bastante alcanzable en el mundo del comercio de criptomonedas.

La clave para lograr ganancias tan sustanciales radica en comprender los fundamentos y aplicarlos con diligencia. Muchos traders poseen los conocimientos básicos necesarios para lograr un gran éxito, pero el verdadero desafío es tener la fuerza de voluntad para realizar la investigación necesaria, realizar análisis exhaustivos, configurar alarmas para monitorear el mercado y, lo que es más importante, implementar un sólido plan de gestión de riesgos.

Las oportunidades para obtener ganancias son abundantes todos los días en el mercado de criptomonedas. Todo se reduce a si estás dispuesto a aprovecharlos. Al dedicar la misma cantidad de tiempo y energía que gastaría en fiestas, bebidas y otras actividades que hacen perder el tiempo para aprender cómo convertirse en un comerciante experto, y luego tomar medidas basadas en ese conocimiento, podría allanar el camino para convertirse en un millonario.

Es esencial reconocer que el éxito en trading criptomonedas no se trata solo de suerte. Requiere dedicación, disciplina y aprendizaje continuo. Al invertir en su educación y aplicar estrategias efectivas de manera constante, puede aumentar sus posibilidades de lograr rendimientos notables e independencia financiera.

Recuerde que el mercado de las criptomonedas está en constante evolución y periódicamente surgen nuevas oportunidades. Mantenerse actualizado con los últimos desarrollos, mantener sus habilidades al día y mantener un enfoque proactivo serán sus mayores aliados en este emocionante viaje. ¡Entonces, embarquémonos juntos en esta aventura y aprovechemos al máximo las increíbles oportunidades que ofrece el comercio de criptomonedas!

Lo que distingue a las criptomonedas y alimenta mi confianza en su potencial es su escasez inherente. A diferencia de las monedas tradicionales, la mayoría de las criptomonedas tienen un suministro finito, lo que las hace resistentes a la inflación y su valor aumenta constantemente con el tiempo.

Una vez acuñadas, las criptomonedas no se pueden replicar, reemplazar ni falsificar. Existen en una cantidad fija, inmunes a la implacable impresión de nuevos billetes que plagan las monedas fiduciarias, lo que lleva a su inevitable devaluación. A medida que se utilizan e intercambian criptomonedas, algunas monedas se quemarán, algunas se acuñarán y otras se perderán, lo que contribuirá a la reducción del suministro disponible. Esta escasez, junto con la creciente demanda y utilidad, sienta las bases para un aumento continuo de su valor.

Tome Bitcoin, por ejemplo. De los 21 millones de monedas originales, solo existen alrededor de 17-18 millones en la actualidad, y este suministro limitado solo disminuirá aún más a medida que pase el tiempo. Tal escasez me hace creer firmemente en convertir mi fiat en activos digitales, diversificando mi cartera con gigantes digitales como XRP, Bitcoin y Ethereum.

Si bien tengo un interés particular en XRP, mantengo un enfoque bien equilibrado, asegurándome de que ningún activo único controle mis decisiones comerciales. Las estrategias a corto plazo son parte de mi arsenal comercial, pero para inversiones a largo plazo tengo XRP. Veo un tremendo potencial en este activo digital, atreviéndome a imaginarlo como el próximo Bitcoin, impulsado por victorias legales recientes, como ganar la demanda contra la SEC, consolidando su posición como el único activo digital realmente aprobado por un tribunal federal.

Sin embargo, el panorama de las criptomonedas está lejos de ser un espectáculo de una sola moneda. Hay una multitud de proyectos prometedores para explorar, cada uno de los cuales trae características y soluciones únicas a la mesa. Proyectos como Linkchain, Ontology, Monero, Litecoin, ADA, DOT, XLM, Algo, Bat, BitcoinCash y muchos otros son dignos contendientes en el espacio criptográfico en constante expansión. Además, las monedas estables como USDT, DAI, EUR y PAX ofrecen estabilidad y son activos valiosos en tiempos de volatilidad del mercado. Los invito a hacer su investigación diligente sobre cada una de estas criptomonedas y no duden en explorar nuevas joyas en el mercado.

Daytrading criptomonedas es un esfuerzo emocionante, impulsado por la volatilidad inherente y los rápidos movimientos de precios dentro del mercado de criptomonedas. A diferencia de los mercados financieros tradicionales, el espacio de las criptomonedas opera las 24 horas del día, los 7 días de la semana, lo que brinda amplias oportunidades para el trading las 24 horas. Estas fluctuaciones presentan a los operadores a corto plazo oportunidades frecuentes de beneficiarse de las oscilaciones de precios y capitalizar el impulso.

Además, la relativa juventud y la imprevisibilidad del mercado de criptomonedas lo convierten en un terreno fértil para que los comerciantes identifiquen tendencias, patrones y formaciones de gráficos que se pueden aprovechar para tomar decisiones comerciales informadas. Sin embargo, es importante abordar el daytrading con precaución, ya que la volatilidad también puede generar riesgos sustanciales.

Daytrading criptomonedas presenta una oportunidad atractiva para generar ganancias rápidamente al capitalizar la volatilidad del mercado. La naturaleza dinámica del mercado criptográfico, impulsada por noticias, tendencias del mercado y otros factores, ofrece a los comerciantes diarios amplias posibilidades de aprovechar las fluctuaciones de precios favorables y ejecutar operaciones con precisión. Comprar barato y vender caro en este panorama en constante evolución puede generar ganancias significativas en un corto período de tiempo, atrayendo a los comerciantes que buscan ganancias rápidas.

Una ventaja del daytrading criptomonedas es la naturaleza del mercado las 24 horas. Los comerciantes pueden participar activamente y beneficiarse de los movimientos de precios en cualquier momento, de día o de noche. Esta disponibilidad constante agrega flexibilidad a las estrategias de los comerciantes, permitiéndoles responder rápidamente a los desarrollos del mercado.

Sin embargo, es crucial reconocer que daytrading criptomonedas también conlleva riesgos considerables. La volatilidad inherente del mercado puede conducir a oscilaciones de precios significativas y reversiones repentinas, lo que resulta en pérdidas potenciales. Los aspirantes a ser daytraders (Personas que se dedican a la comercialización de monedas digitales durante el día) deben estar bien preparados y poseer una sólida comprensión del análisis técnico y fundamental, la gestión de riesgos y la resiliencia psicológica antes de embarcarse en esta aventura.

La gestión de riesgos es un pilar esencial del éxito en day trading. Implica la capacidad de controlar las pérdidas y gestionar el riesgo de manera eficaz para garantizar una rentabilidad sostenible a largo plazo. Los daytraders deben adoptar un enfoque disciplinado, que incluye la implementación de niveles de stop-loss y take-profit.

Un stop-loss es un nivel de precio predeterminado en el que un trader saldrá de una operación perdedora, mitigando las pérdidas potenciales. La colocación adecuada de los niveles de stop-loss debe alinearse con la tolerancia al riesgo del trader y la volatilidad del mercado. Por otro lado, un nivel de toma de ganancias es un punto de precio predefinido en el que un trader saldrá de una operación ganadora, salvaguardando las ganancias de las fluctuaciones del mercado. Los traders deben establecer niveles de toma de ganancias en función de sus objetivos de ganancias y un análisis del potencial del mercado.

Usar stop loss y tomar ganancias en cada operación es una práctica prudente de gestión de riesgos. Estos niveles deben determinarse antes de ingresar a una operación y cumplirse estrictamente independientemente de las condiciones del mercado o los impulsos emocionales. Mantenerse disciplinado, incluso frente a fuertes fluctuaciones del mercado dentro de un cierto rango, es crucial para mantener un enfoque comercial equilibrado y sostenible.

Daytrading criptomonedas no está exento de desafíos, y el éxito exige dedicación, aprendizaje continuo y la capacidad de adaptarse a un mercado en constante cambio. Los traders deben refinar constantemente sus estrategias, mejorar su conocimiento y mantenerse informados sobre las tendencias del mercado para tomar decisiones informadas y rentables.

Para tomar decisiones comerciales informadas en day trading, es esencial confiar en las herramientas de análisis técnico, como los niveles de soporte y resistencia y las líneas de tendencia. Estas herramientas ayudan a identificar posibles niveles de stop-loss y take-profit, cruciales para gestionar el riesgo y maximizar los beneficios. Al establecer estos niveles a través del análisis técnico, los operadores pueden reforzar sus posibilidades de éxito en el volátil mundo de daytrading.

Sin embargo, es esencial recordar que el análisis técnico no es infalible y no garantiza predicciones precisas. El mercado puede verse influenciado por varios factores y los precios pueden desviarse de los patrones esperados. Por lo tanto, los comerciantes deben evaluar y ajustar continuamente sus niveles en función de las condiciones cambiantes del mercado y el desempeño comercial individual. Cubriremos el análisis técnico en profundidad en el siguiente capítulo.

Además del análisis técnico, otra herramienta esencial para los traders es el análisis fundamental. Esto implica examinar los factores subyacentes que afectan el valor de una criptomoneda, como noticias, desarrollos tecnológicos y condiciones económicas generales. El análisis fundamental puede ser particularmente valioso para identificar tendencias a largo plazo y posibles oportunidades de inversión.

Las fuentes populares de noticias y análisis de criptomonedas, como CoinDesk, LiveCoinWatch, TradingView y Cointelegraph, brindan información valiosa sobre la industria y pueden ayudar a los traders a tomar decisiones bien informadas.
Al combinar el análisis técnico y fundamental, los traders pueden mejorar su comprensión del mercado, refinar sus estrategias y navegar de manera más efectiva en el emocionante pero desafiante ámbito del mercado de criptomonedas. Recuerde, el aprendizaje y la adaptación continuos son clave para tener éxito en el mundo en constante evolución de los activos digitales.

Mantenerse informado y actualizado con el mundo en constante cambio de las criptomonedas es crucial para el trading exitoso. Una forma de lograrlo es participar activamente en comunidades de criptomonedas como Twitter, r/CryptoCurrency de Reddit o unirse a grupos de Telegram. Estas comunidades ofrecen una gran cantidad de discusiones, análisis y conocimientos compartidos por otros comerciantes y expertos, lo que nos ayuda a mantenernos al tanto de las últimas noticias y tendencias.

Otra excelente manera de mantenerse informado es asistiendo a conferencias y eventos sobre criptomonedas. Estas reuniones cuentan con oradores principales, talleres y oportunidades para establecer contactos, lo que brinda información valiosa sobre los desarrollos del mercado. Es una oportunidad de interactuar con otros comerciantes y expertos, compartir experiencias y ampliar nuestro conocimiento.

El equipo de desarrollo y los asesores detrás de un proyecto de criptomonedas son factores fundamentales que pueden influir significativamente en el potencial del proyecto. Como daytraders, es crucial evaluar y considerar la experiencia y el historial del equipo y los asesores para tomar decisiones informadas sobre la inversión en una criptomoneda. Es esencial combinar esta información con un análisis exhaustivo de otros indicadores fundamentales y técnicos, como libros blancos, capitalización de mercado, volumen y cotizaciones en bolsa.

También es beneficioso seguir a personas influyentes en criptomonedas, analistas, comerciantes y líderes de opinión en plataformas de redes sociales como Twitter, YouTube y LinkedIn. Estos influencers a menudo brindan valiosos análisis e información del mercado, lo que nos permite tomar decisiones comerciales informadas.

Las herramientas de negociación de criptomonedas, como los servicios de alerta, los bots comerciales y las herramientas de análisis de mercado, desempeñan un papel importante para mantenerse a la vanguardia del mercado. Al utilizar estas herramientas, podemos acceder a información actualizada sobre tendencias y noticias del mercado, asegurándonos de no perder ninguna oportunidad comercial potencial.

La gestión de riesgos es un aspecto crucial del trading exitoso. Un método efectivo es diversificar nuestra cartera en varias criptomonedas y clases de activos. Esto ayuda a reducir el riesgo y aumenta el potencial de ganancias. Es esencial una evaluación cuidadosa de las inversiones potenciales en función del potencial de crecimiento, la rentabilidad y el nivel de riesgo.

La relación riesgo/recompensa es otro factor crítico a considerar en cada operación. Al apuntar a una relación riesgo/beneficio favorable, podemos limitar las pérdidas y maximizar las ganancias. Esto implica calcular las ganancias y pérdidas potenciales de cada operación y solo aceptar operaciones con una relación prometedora.

El dimensionamiento adecuado de la posición es esencial para garantizar que no arriesgamos más de lo que podemos permitirnos perder. Limitar el uso de capital a alrededor del 10 % por operación y mantener el resto en una moneda estable o en criptomonedas de capitalización de mercado superior como Bitcoin, Ethereum o XRP puede ayudar a administrar el riesgo de manera efectiva.

Los traders deben evaluar regularmente su desempeño, realizar un seguimiento de sus operaciones y hacer ajustes en función de las condiciones del mercado y los resultados comerciales individuales. Es esencial establecer metas de ganancias realistas que se alineen con nuestra tolerancia al riesgo y objetivos financieros. El análisis técnico puede ayudar a determinar las tendencias del mercado, los niveles de soporte y resistencia, ayudándonos a establecer expectativas alcanzables de crecimiento y rentabilidad.

Ser un comerciante de día exitoso en el mercado de criptomonedas exige más que solo conocimiento técnico y análisis. Requiere dominar el arte de manejar las emociones y mantener la disciplina. El miedo y la codicia son emociones que pueden nublar nuestro juicio y llevarnos a decisiones irracionales. Por lo tanto, mantener la disciplina y adherirse a nuestro plan comercial, independientemente de los altibajos del mercado, es de suma importancia.

Daytrading puede ser estresante y abrumador. Tomar descansos cuando sea necesario es esencial para evitar el agotamiento y mantener una mentalidad clara y enfocada. Al regresar al mercado, es crucial mantenerse disciplinado, apegarse al plan comercial y evitar decisiones impulsivas basadas en emociones o fluctuaciones del mercado.

La seguridad es una preocupación importante cuando se trata de criptomonedas. Los Exchanges y las billeteras pueden ser vulnerables a hacking y otras amenazas de seguridad. Para proteger sus inversiones, es vital practicar buenas medidas de seguridad, como usar contraseñas seguras, habilitar la autenticación de dos factores y almacenar sus criptomonedas en billeteras de hardware para mayor protección.

Las billeteras de criptomonedas son un aspecto crucial de su viaje comercial. Trezor, Ledger y otros dispositivos físicos juegan un papel fundamental en la protección segura de sus valiosas criptomonedas. En el panorama en constante evolución de los activos digitales, proteger sus inversiones es primordial, y estas billeteras brindan una capa adicional de seguridad que es difícil de superar. Puede estar seguro de que sus claves privadas y criptomonedas se mantienen fuera de línea, lejos de posibles amenazas en línea. Este almacenamiento fuera de línea, a menudo denominado "almacenamiento en frío", reduce el riesgo de intentos de piratería y acceso no autorizado, lo que mejora la seguridad de sus fondos.

En la mayoría de los países, incluido Estados Unidos, daytrading criptomonedas se considera una actividad sujeta a impuestos, sujeta a impuestos sobre las ganancias de capital. Esto significa que los comerciantes deben informar sus ganancias y pérdidas a las autoridades fiscales y pagar impuestos sobre las ganancias realizadas. La tasa impositiva para las ganancias de capital puede variar según las leyes y regulaciones fiscales del país.

En los Estados Unidos, por ejemplo, la tasa impositiva para las ganancias de capital puede ser diferente dependiendo de si la inversión se realizó a corto o largo plazo. Las ganancias de capital a corto plazo, de inversiones mantenidas por menos de un año, generalmente se gravan a una tasa más alta que las ganancias de capital a largo plazo. Los daytraders deben mantener registros detallados de todas sus operaciones. Además, los traders deben conocer las deducciones o créditos fiscales que pueden estar disponibles para ellos. En algunas jurisdicciones, los traders pueden ser elegibles para deducir las pérdidas de capital de sus ingresos imponibles, lo que puede ayudar a reducir su obligación tributaria general.

Sin embargo, las regulaciones fiscales relativas a las criptomonedas pueden variar mucho de un país a otro. Por ejemplo, en México, las implicaciones fiscales para el day trading de criptomonedas no han sido del todo claras, a pesar de que en México las criptomonedas se consideran activos, por lo que si obtiene grandes ganancias como vender una casa, estará sujeto a pagar impuestos. Consulte con un profesional de impuestos que esté familiarizado con las complejidades de los impuestos de criptomonedas en su país específico. Pueden brindarle asesoramiento personalizado y asegurarse de que cumpla con las leyes fiscales mientras maximiza sus ganancias.

ANÁLISIS TÉCNICO

Palo de velas, soporte, resistencia, y más.

El uso de palos de velas para detectar señales de reversión tempranas puede ser una herramienta valiosa en el mercado de criptomonedas. Los gráficos de velas son una herramienta de análisis técnico popular y poderosa que brinda información sobre el sentimiento del mercado y la acción del precio. Al comprender cómo leer e interpretar los patrones de velas, los comerciantes pueden identificar posibles cambios de tendencia y tomar decisiones informadas para preservar el capital y aumentar el porcentaje de operaciones exitosas.

Los candeleros constan de cuatro componentes principales: el cuerpo, la mecha superior, la mecha inferior y el color de la vela. El cuerpo representa el rango de precios entre los precios de apertura y cierre de un activo dentro de un marco de tiempo específico. La mecha superior (sombra) representa el precio más alto alcanzado durante el período de tiempo, mientras que la mecha inferior representa el precio más bajo. Una vela verde (o blanca) significa un aumento de precio, mientras que una vela roja (o negra) indica una disminución de precio.

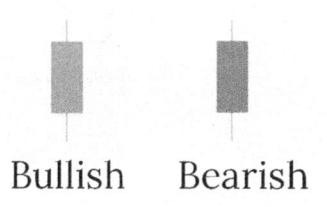

Bullish   Bearish

Los patrones de reversión en los gráficos de velas indican posibles cambios de tendencia. Algunos patrones de inversión comunes incluyen:

- Martillo y Martillo Invertido: Estos patrones tienen cuerpos pequeños y mechas inferiores largas. Los martillos se producen después de una tendencia bajista e indican una posible reversión alcista, mientras que los martillos invertidos se producen después de una tendencia alcista y señalan una posible reversión bajista.

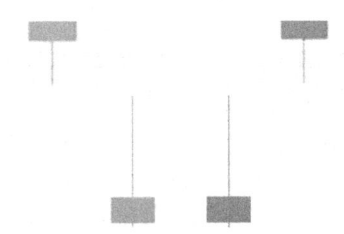

- Envolvente alcista: este patrón ocurre cuando una vela verde engulle completamente a la vela roja anterior, lo que indica una posible reversión alcista.

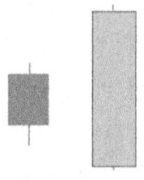

- Envolvente bajista: lo contrario del patrón envolvente alcista, ocurre cuando una vela roja engulle a la vela verde anterior, lo que sugiere una posible reversión bajista.

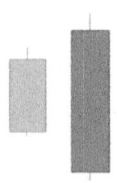

- Doji: Un doji tiene precios abiertos y cerrados casi iguales, creando una forma de cruz. Indica indecisión en el mercado y puede señalar un posible cambio de tendencia.

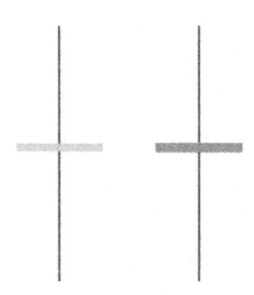

Si bien los patrones de velas pueden ser señales poderosas, es esencial confirmarlos con otros indicadores técnicos y herramientas de análisis. Algunos indicadores comunes incluyen las medias móviles y el índice de fuerza relativa (RSI). La combinación de patrones de velas con estos indicadores puede aumentar la confiabilidad de las señales de inversión.

Los niveles de soporte y resistencia juegan un papel crucial en el proceso de toma de decisiones de los comerciantes diarios. Estos indicadores técnicos nos ayudan a identificar niveles de precios críticos en los que el comportamiento del mercado podría cambiar. Como comerciante, comprender estos niveles puede mejorar en gran medida nuestra capacidad para detectar puntos de entrada y salida rentables en los volátiles mercados de criptomonedas.

Los niveles de soporte son como pilares fuertes que evitan que el precio caiga más. Se forman cuando existe un interés de compra significativo en una criptomoneda a un precio específico. Estos niveles se pueden observar en el gráfico como líneas horizontales donde el precio tiende a recuperarse después de una caída. Cuando el precio alcanza un nivel de soporte, los operadores a menudo lo ven como una posible oportunidad de compra, anticipando una reversión al alza.

Por otro lado, los niveles de resistencia actúan como techos que evitan que el precio suba más. Se forman debido a una presión de venta significativa a un nivel de precio particular. Al igual que los niveles de soporte, los niveles de resistencia se representan como líneas horizontales en el gráfico. Cuando el precio se acerca a un nivel de resistencia, los comerciantes lo perciben como una posible oportunidad de venta, ya que podría haber una posibilidad de que el precio se revierta y se dirija hacia abajo.

Para identificar los niveles de soporte y resistencia, analizamos los datos de precios históricos y buscamos áreas donde el precio haya mostrado previamente una tendencia a revertirse. Prestamos atención a los puntos en los que el precio ha tenido reversiones significativas varias veces, lo que indica fuertes niveles de soporte o resistencia. Además, podemos usar indicadores técnicos como promedios móviles, líneas de tendencia y niveles de retroceso de Fibonacci para reforzar la identificación de estos niveles de precios clave.

Cuando el precio se acerque a un nivel de soporte, podríamos considerar ir largos (comprar) ya que anticipamos un posible aumento de precios. Por el contrario, cuando el precio se acerca a un nivel de resistencia, podríamos considerar ir en corto (vender) ya que anticipamos una posible disminución del precio. Sin embargo, es esencial recordar que ningún indicador es infalible y es fundamental combinar el análisis de soporte y resistencia con otros indicadores técnicos y estrategias de gestión de riesgos.

Los niveles de soporte y resistencia no se fijan para siempre. Pueden cambiar con el tiempo a medida que evolucionan las condiciones del mercado. Cuando se rompe un nivel de soporte, puede convertirse en un nivel de resistencia y viceversa. Por lo tanto, es esencial monitorear regularmente la acción del precio y ajustar nuestro análisis en consecuencia.

Un aspecto indispensable del análisis técnico es el uso de niveles de soporte y resistencia. Los niveles de soporte indican niveles de precios en los que el precio de una criptomoneda tiende a tocar fondo y se recupera, mientras que los niveles de resistencia representan niveles de precios en los que el precio de una criptomoneda encuentra presión de venta y tiende a revertir su tendencia alcista. La identificación de estos niveles puede guiar a los operadores a establecer puntos de stop-loss y take-profit, lo que les permite reducir las pérdidas y asegurar las ganancias.

Echemos un vistazo a un ejemplo de gráfico (consulte el gráfico a continuación):

FIGURA 4.1 TradingView: tendencia alcista del precio de Bitcoin.

En este gráfico, podemos observar una tendencia alcista, con el precio de Bitcoin aumentando constantemente con el tiempo. Las líneas de soporte y resistencia están indicadas por las velas verde y roja, respectivamente. A medida que el precio se acerca a la línea de soporte, los operadores pueden considerar colocar un límite de pérdidas justo por debajo de este nivel para protegerse contra posibles caídas adicionales. Por el contrario, cuando el precio se acerca a la línea de resistencia, establecer un nivel de toma de ganancias justo debajo de esta línea puede ayudar a capturar ganancias antes de que el precio se revierta.

Los promedios móviles son de hecho un indicador técnico versátil y ampliamente utilizado en daytrading. Brindan información valiosa sobre las tendencias de precios, suavizando las fluctuaciones del mercado para ayudarnos a identificar posibles puntos de entrada y salida en el mercado de criptomonedas. Como comerciante, comprender los diferentes tipos de promedios móviles y cómo interpretarlos puede mejorar significativamente nuestras estrategias comerciales.

El promedio móvil simple (SMA) es un cálculo básico y directo que implica sumar los precios de cierre de una criptomoneda durante un número específico de períodos y dividirlo por el número de períodos. Por ejemplo, una SMA de 10 días sumaría los precios de cierre de los últimos diez días y los dividiría entre diez para trazar un solo punto de datos en el gráfico. Al repetir este proceso, creamos una línea que representa el precio promedio durante el período determinado.

Por otro lado, la media móvil exponencial (EMA) da más peso a los datos de precios recientes, haciéndolos más sensibles a los movimientos recientes del mercado. Este tipo de media móvil utiliza una fórmula compleja para calcular sus valores. El promedio móvil exponencial es particularmente útil en mercados de rápido movimiento, donde puede ayudar a los operadores a detectar tendencias y posibles señales comerciales más rápidamente que la SMA.

Los comerciantes emplean promedios móviles de varias maneras para adaptarse a sus estrategias comerciales. Un enfoque común es la estrategia de cruce, donde los comerciantes buscan que el precio cruce por encima o por debajo de un promedio móvil como una señal potencial de compra o venta. Por ejemplo, cuando la media móvil a corto plazo (p. ej., EMA de 10 días) cruza por encima de la media móvil a largo plazo (p. ej., EMA de 50 días), puede indicar una señal alcista. Por el contrario, cuando el promedio móvil a corto plazo cruza por debajo del promedio móvil a largo plazo, puede sugerir una señal bajista.

Otro uso valioso de los promedios móviles es identificar la dirección de la tendencia. Cuando el precio cotiza constantemente por encima de una media móvil ascendente, puede indicar una tendencia alcista. Por el contrario, si el precio cotiza constantemente por debajo de una media móvil decreciente, puede indicar una tendencia bajista. Al comprender la dirección de la tendencia, los operadores pueden concentrarse en realizar transacciones que se alineen con el sentimiento predominante del mercado.

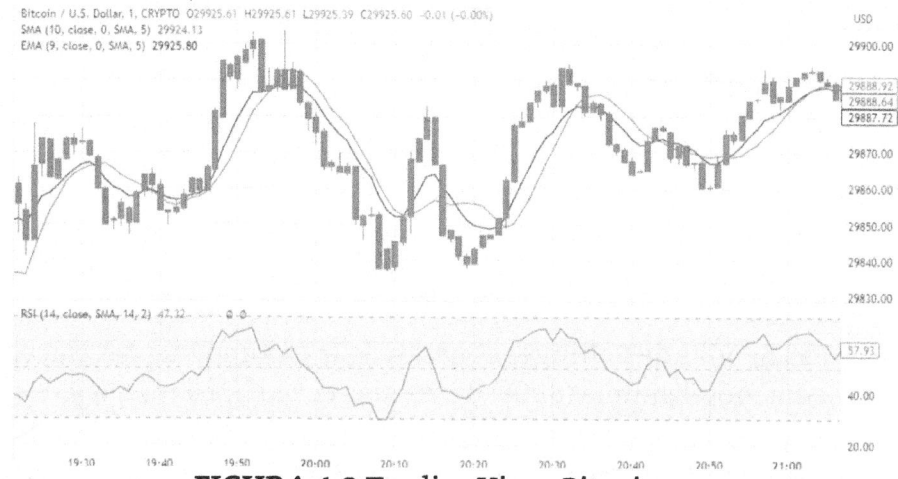

Echemos un vistazo a un ejemplo de gráfico (consulte el gráfico a continuación):

FIGURA 4.2 TradingView: Bitcoin con indicadores de análisis técnico.

En este gráfico, podemos observar que los indicadores (SMA), (EMA) y (RSI) siguen el precio de Bitcoin.

El índice de fuerza relativa (RSI) es un indicador técnico valioso que juega un papel crucial en las estrategias de negociación diaria. Nos brinda información sobre la fuerza de la acción del precio de una criptomoneda, lo que nos ayuda a identificar posibles puntos de entrada y salida para las operaciones. Al analizar el RSI, podemos determinar si una criptomoneda está sobrecomprada y es probable que se someta a una corrección o si está sobrevendida y preparada para un rebote.

El RSI se representa en una escala de 0 a 100, donde las lecturas por encima de 70 indican condiciones de sobrecompra y las lecturas por debajo de 30 indican condiciones de sobreventa. El cálculo de RSI implica comparar las ganancias y pérdidas promedio durante un tiempo específico, generalmente 14 días. Este cálculo nos permite evaluar la fuerza relativa de los movimientos de precios y determinar posibles puntos de reversión.

El índice de fuerza relativa (RSI) es una herramienta esencial en el arsenal de los comerciantes diarios en el mercado de criptomonedas. Al analizar las lecturas del RSI, podemos medir la fuerza de los movimientos de precios e identificar las condiciones de sobrecompra y sobreventa.

Las Bandas de Bollinger son un indicador técnico eficaz y ampliamente utilizado que desempeña un papel importante en las estrategias de negociación diaria. Proporcionan información valiosa sobre los movimientos de precios y nos ayudan a identificar posibles puntos de entrada y salida para las operaciones.

Las Bandas de Bollinger constan de tres componentes clave: una media móvil simple (SMA) de 20 días como línea media y dos bandas trazadas a dos desviaciones estándar de la media móvil. La banda superior representa el rango de precio esperado más alto, mientras que la banda inferior representa el rango de precio esperado más bajo.

Cuando el precio de una criptomoneda se cotiza cerca o toca la banda superior, indica que la criptomoneda puede estar sobrecomprada, lo que significa que su precio ha aumentado significativamente y podría ser necesario corregirlo. Esto sugiere una oportunidad de venta potencial para los comerciantes. Por otro lado, si el precio está cerca o tocando la banda inferior, indica que la criptomoneda puede estar sobrevendida, lo que implica que su precio ha disminuido significativamente y podría tener un rebote. Esto sugiere una oportunidad de compra potencial para los comerciantes.

Los niveles de retroceso de Fibonacci son una herramienta poderosa en el arsenal de los comerciantes diarios, lo que les permite identificar posibles señales de compra y venta con una perspectiva matemática única. Derivados de la secuencia de Fibonacci, una secuencia de números que aparece con frecuencia en la naturaleza, estos niveles de retroceso tienen una importancia significativa en el mundo del análisis técnico.

Para utilizar los niveles de retroceso de Fibonacci, los comerciantes primero identifican los puntos altos y bajos del movimiento de precios de una criptomoneda. Luego, calculan la distancia vertical entre estos puntos. Luego, esta distancia se divide por las proporciones clave de Fibonacci de 23,6%, 38,2%, 50%, 61,8% y 100%. Estas proporciones representan los posibles niveles de retroceso a los que el precio podría retroceder.

Echemos un vistazo a un ejemplo de gráfico (consulte el gráfico a continuación):

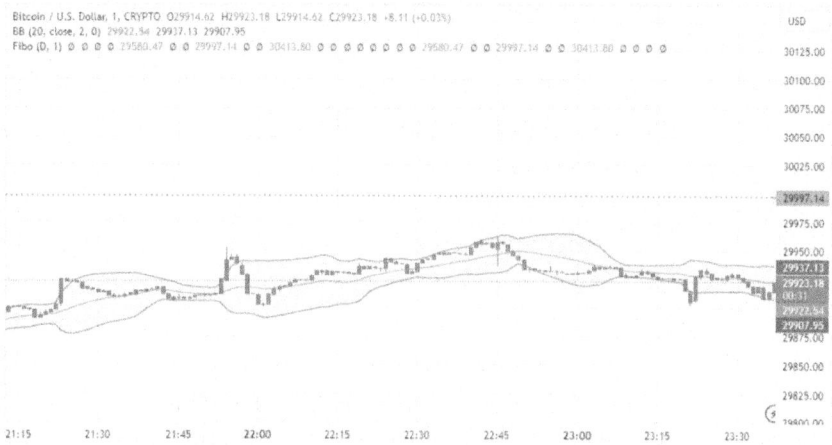

FIGURA 4.3 TradingView: Bitcoin con indicadores de análisis técnico.

En este gráfico, podemos observar que los indicadores de las Bandas de Bollinger y los niveles de retroceso de Fibonacci siguen el precio de Bitcoin.

Los comerciantes utilizan los niveles de retroceso de Fibonacci para identificar posibles niveles de soporte y resistencia. Los niveles de retroceso del 23,6% y el 38,2% se consideran niveles de soporte cruciales. Si el precio retrocede a estos niveles durante una tendencia bajista, los operadores pueden verlo como una posible oportunidad de compra, anticipando un rebote en el precio. Por el contrario, durante una tendencia alcista, si el precio retrocede a niveles de retroceso del 61,8% y del 100%, los operadores pueden interpretarlo como una posible oportunidad de venta, esperando una corrección o reversión.

Tener algunos fondos disponibles puede ser beneficioso para comprar más si el precio continúa cayendo, permitiéndole promediar sus posiciones. Esto puede ayudarlo a capitalizar oportunidades potenciales y administrar el riesgo de manera efectiva.

Cuando se trata de formaciones de velas, existen numerosas variaciones como pinzas, ventanas ascendentes y descendentes, harami, estrellas matutinas y vespertinas, entre muchas otras. Si desea profundizar su conocimiento de estos patrones y refinar sus habilidades comerciales, le recomiendo leer "El curso de velas japonesas" de Steve Nison. Este libro ha sido un recurso valioso desde 2003 y sigue siendo relevante hoy en día, ya que brinda información esencial sobre el arte de leer gráficos de velas japonesas.

En este mundo dinámico y en constante evolución del mercado de criptomonedas, el viaje nunca se detiene. Continuamente surgen nuevos mercados, activos y métodos comerciales, que ofrecen nuevas oportunidades para los comerciantes. Al embarcarse en este magnífico viaje del cripto trader, adopte una mentalidad de aprendizaje continuo, adaptación y un enfoque disciplinado. Siga explorando, manténgase informado y permanezca abierto a las estrategias innovadoras que puedan surgir en el camino.

Bienvenido al fascinante mundo del mercado de criptomonedas, donde cada día trae nuevos desafíos y perspectivas emocionantes. Con el conocimiento, las habilidades y la dedicación adecuados, puede navegar por el mercado con confianza y, potencialmente, lograr un éxito notable. ¡Le deseo un viaje comercial próspero y satisfactorio por delante!

En conclusión, la incorporación de la amplia gama de indicadores mencionados anteriormente en su estrategia de trading puede ser inmensamente valiosa para el éxito en el mercado de criptomonedas. Al monitorear cuidadosamente el volumen y reservar pedidos, e identificar patrones de velas alcistas en los niveles de soporte y patrones de velas bajistas en los niveles de resistencia, puede tomar decisiones comerciales bien informadas.

EMPEZANDO

Spot trading, Staking y muchas herramientas.

Para comenzar a operar con criptomonedas, primero deberá seleccionar un Exchange de criptomonedas confiable y seguro. Hay varios Exchanges disponibles, cada uno ofrece diferentes criptomonedas, tarifas y medidas de seguridad. Las opciones más populares incluyen Bitso, Coinbase, Binance, Kraken y Gemini. Es esencial realizar una investigación exhaustiva y comparar las características de los diferentes Exchanges antes de tomar una decisión.

Una vez que haya elegido un Exchange, deberá crear una cuenta proporcionando su información personal, como su nombre, dirección de correo electrónico y una identificación emitida por el gobierno. Algunos Exchanges también pueden requerir una prueba de dirección y detalles de la cuenta bancaria para fines de verificación.

Después de configurar su cuenta, deberá depositar fondos en su Exchange para comenzar a operar. Puede hacerlo a través de transferencias bancarias, tarjetas de crédito u otros métodos de pago admitidos por el Exchange. Para principiantes, se recomienda comenzar con al menos cien dólares. Si estás en México, Bitso es un intercambio de buena reputación a considerar. Una vez que su moneda fiduciaria esté en su cartera virtual, puede convertirla a XRP, que es una opción rápida y de bajo costo para transferir fondos entre Exchanges y tiene una adopción generalizada.

Mientras Bitso ofrece servicios de trading, es mejor transferir su XRP a un Exchange como Binance que brinda una selección más amplia de activos, herramientas y servicios. Binance es el Exchange que uso, y usaré ejemplos de él. Si no tiene una cuenta y desea registrarse, use mi código de referencia y disfrute de hasta $200 USD en crédito de tarifa comercial: CPA_006J8WBIOQ

FIGURA 5.1 Referencia binaria:

Al ejecutar una operación, puede elegir entre dos tipos de órdenes: órdenes de mercado y órdenes limitadas. Una orden de mercado le permite comprar o vender criptomonedas al precio de mercado actual. Es la forma más rápida de ejecutar una operación, pero puede que no sea la más rentable, ya que los precios pueden fluctuar rápidamente. Las órdenes de mercado son adecuadas para operaciones que necesitan una ejecución inmediata.

Por otro lado, las órdenes limitadas le permiten establecer un precio específico al que desea comprar o vender criptomonedas. Este tipo de orden es beneficioso si desea esperar un punto de precio específico antes de ejecutar su operación. Sin embargo, tenga en cuenta que es posible que el mercado no alcance el límite especificado y que su orden no se ejecute. Por lo tanto, es esencial considerar cuidadosamente los niveles de precios al establecer órdenes limitadas.

La compra y venta en SPOT es la forma básica de trading en la que los usuarios pueden comprar y vender criptomonedas a los precios actuales del mercado. Se trata de intercambiar una criptomoneda por otra sin ningún tipo de apalancamiento o préstamo. Este tipo de trading es popular entre los principiantes y aquellos que prefieren la propiedad directa de sus activos.

Además de los tipos de órdenes básicas, como las órdenes de mercado y de límite, existen otras opciones avanzadas disponibles en muchos intercambios de criptomonedas. Estos incluyen órdenes Stop Limit, Trailing Stop y OCO (One-Cancels-the-Other), que pueden ser herramientas valiosas para administrar sus operaciones y mitigar los riesgos.

FIGURA 5.2 Orden de mercado.

La orden Stop Limit le permite establecer un precio stop y un precio límite. Cuando se alcanza el precio tope, la orden se convierte en una orden limitada y se ejecuta al precio límite especificado o mejor. Esto puede ser útil para proteger sus ganancias o limitar pérdidas potenciales al activar automáticamente una orden de venta cuando el precio alcanza cierto nivel.

La orden Trailing Stop es un tipo de orden dinámico que se mueve con el precio. Establece un valor de tope dinámico y, a medida que el precio se mueve a su favor, el precio de tope se ajusta en consecuencia. Si el precio comienza a revertirse, el precio stop permanece en el precio más alto alcanzado. Esto puede ser beneficioso para asegurar las ganancias durante una tendencia mientras le da espacio a la operación para continuar.

La orden OCO (One-Cancels-the-Other) es una combinación de dos órdenes. Si se ejecuta una orden, la otra se cancela automáticamente. Esto le permite establecer un nivel de stop loss y un nivel de toma de ganancias simultáneamente, asegurando que protege su posición de pérdidas significativas y al mismo tiempo asegura ganancias potenciales.

Si bien estos tipos de pedidos avanzados pueden ser herramientas poderosas para la gestión y automatización de riesgos, no los uso tanto. Dado que superviso activamente el mercado y ejecutó principalmente órdenes de mercado, prefiero ser práctico con mis operaciones. Sin embargo, si le resulta difícil realizar un seguimiento del mercado o desea minimizar los riesgos asociados con el daytrading, estos tipos de órdenes pueden ser muy ventajosos.

Recuerde que cada trader tiene su propio enfoque y preferencias, y es esencial elegir las estrategias y herramientas que se alineen con su estilo de negociación y tolerancia al riesgo. A medida que gane experiencia y confianza en su viaje comercial, puede experimentar con diferentes tipos de órdenes para encontrar la que mejor se adapte a sus necesidades. Manténgase siempre informado, siga aprendiendo y adapte sus estrategias según sea necesario para navegar con éxito en el mundo dinámico del mercado de criptomonedas.

HODLing, abreviatura de "Hold On for Dear Life", se ha convertido en una estrategia popular entre los entusiastas de las criptomonedas. Implica mantener una criptomoneda durante un período prolongado, independientemente de las fluctuaciones de precios a corto plazo. Si bien HODLing puede ser una estrategia poderosa para los inversores a largo plazo, es esencial navegar por este camino con una consideración cuidadosa y una toma de decisiones prudente.

Al igual que con cualquier estrategia comercial, HODLing

viene con su propio conjunto de riesgos y desafíos. Requiere elegir la criptomoneda correcta para mantener y administrar sabiamente. Antes de comprometerse con HODL, la investigación y el análisis exhaustivos son primordiales. Querrá seleccionar una criptomoneda que no solo muestre potencial de crecimiento a largo plazo, sino que también ofrezca beneficios adicionales, como recompensas de participación u otras formas de generación de intereses para reforzar su inversión.

En el mundo de las criptomonedas, donde la volatilidad es un lugar común, HODLing requiere una fuerte determinación y la capacidad de capear las fluctuaciones de precios a corto plazo sin ventas de pánico. Es importante mantenerse informado sobre los desarrollos del proyecto, las asociaciones y las tendencias del mercado, pero no dejarse llevar por sentimientos momentáneos del mercado. HODLing es una estrategia arraigada en una firme creencia en el valor fundamental y el potencial de una criptomoneda. HODLing requiere paciencia, fortaleza y la capacidad de desconectarse del ruido del mercado y concentrarse en el panorama general.

También hay otras formas de ganar dinero, como los servicios de préstamo. Esto permite a los usuarios prestar sus criptomonedas a otros y ganar intereses durante un período específico. Esto es similar a la banca tradicional, donde los usuarios pueden poner a trabajar sus criptoactivos inactivos y potencialmente generar ingresos pasivos. Las plataformas de préstamos coinciden con los prestatarios y los prestamistas y brindan una forma segura de obtener intereses sobre las tenencias de criptomonedas. También puede solicitar un préstamo usando su activo digital como garantía y usar ese préstamo para invertir más en otros activos.

El staking es un proceso en el que los usuarios participan en el consenso de la red de ciertos proyectos de blockchain al mantener y "apostar" sus criptomonedas. Al hacerlo, ayudan a validar las transacciones y proteger la red. A cambio, reciben recompensas en forma de fichas o monedas adicionales. El staking se considera una forma de obtener un ingreso pasivo mientras se apoya el ecosistema de la cadena de bloques.

Algunos intercambios ofrecen a los usuarios la oportunidad de participar en ventas de tokens y ofertas iniciales de monedas (ICO) para nuevos proyectos de criptomonedas. Esto permite a los usuarios adquirir tokens en la etapa inicial del lanzamiento de un proyecto, lo que potencialmente les permite obtener acceso a tokens a un precio con descuento antes de que se incluyan en las principales bolsas.

Los productos de ahorro en los intercambios brindan a los usuarios la opción de ganar intereses sobre sus depósitos de criptomonedas. Estos productos a menudo ofrecen opciones flexibles y de plazo fijo. Los usuarios pueden bloquear sus fondos por un período específico, generalmente ganando tasas de interés más altas, u optar por un arreglo flexible donde pueden retirar sus fondos en cualquier momento.

La minería en la nube es, de hecho, otra forma en que las personas pueden ganar dinero en el mercado de las criptomonedas, especialmente para aquellos que están interesados en la minería pero no quieren invertir en equipos de minería costosos o lidiar con las complejidades técnicas involucradas en el funcionamiento de una operación minera. En la minería en la nube, los usuarios pueden comprar o alquilar hashrates de un grupo de minería o de un proveedor de servicios de minería en la nube. Hashrate representa el poder computacional requerido para extraer y procesar transacciones de criptomonedas. Al alquilar o comprar hashrates, los usuarios contribuyen efectivamente al poder minero del grupo y comparten las recompensas generadas por las actividades mineras.

Otros intercambios ofrecen tarjetas de débito de criptomonedas, que funcionan de manera similar a las tarjetas bancarias tradicionales. Estas tarjetas permiten a los usuarios gastar sus criptomonedas en cualquier comercio que acepte tarjetas bancarias regulares. Esto cierra la brecha entre el mundo de las criptomonedas y los sistemas financieros tradicionales, lo que hace que sea más conveniente para los usuarios usar sus activos digitales en las transacciones diarias y, en algunos casos, recompensas en criptomonedas.

Muchos intercambios brindan recursos educativos para ayudar a los usuarios a comprender varios aspectos de las criptomonedas, la tecnología blockchain y el trading. Estos materiales educativos pueden incluir guías, tutoriales, artículos e incluso seminarios web o cursos en línea. Al ofrecer recursos educativos integrales, los intercambios tienen como objetivo capacitar a los usuarios con conocimientos y mejorar sus habilidades comerciales. En ocasiones, ofrecen recompensas por completar cursos gratuitos.

Al elegir un intercambio, es esencial considerar la gama de servicios que ofrecen, así como su reputación, medidas de seguridad y tarifas. Las necesidades y preferencias de cada usuario variarán, por lo que es crucial investigar y comparar diferentes intercambios antes de tomar una decisión. Un intercambio completo que ofrezca una variedad de servicios puede brindar a los usuarios una experiencia comercial holística y ayudarlos en su viaje de criptomonedas.

Los servicios de alerta sirven como sus vigilantes vigilantes del mercado si no puede vigilar el mercado. Estos servicios pueden notificarle de inmediato sobre desarrollos cruciales, como cambios significativos en los precios, picos repentinos de volumen o noticias de última hora que podrían afectar el mercado de criptomonedas. Mantenerse informado es fundamental en el mundo de las criptomonedas, donde incluso la más mínima noticia puede provocar cambios bruscos en los precios. Con los servicios de alerta, puede reaccionar rápidamente a los eventos del mercado y tomar decisiones comerciales bien informadas basadas en información en tiempo real.

Si está buscando algo más avanzado que los servicios de alerta, los bots comerciales pueden ser una herramienta invaluable que puede elevar su juego comercial de criptomonedas a nuevas alturas. Estos programas informáticos de última generación están diseñados para aprovechar algoritmos avanzados, lo que les permite ejecutar transacciones automáticamente en función de sus reglas y estrategias predefinidas. Al aprovechar el poder de estos bots, obtiene una ventaja competitiva en el mercado de criptomonedas, que cambia constantemente y se mueve rápidamente.

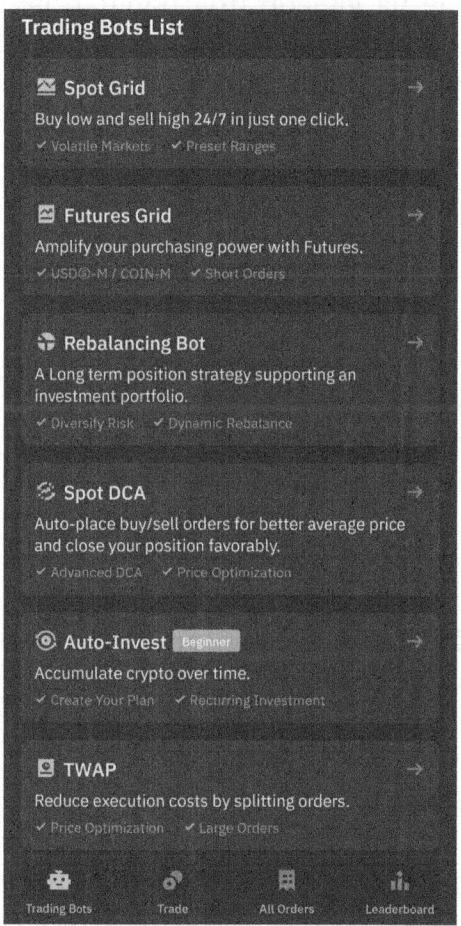

FIGURA 5.3 Bots comerciales de Binance.

Una de las principales ventajas de usar bots comerciales es su capacidad para ejecutar transacciones de manera rápida y eficiente las 24 horas del día, los 7 días de la semana. En el mundo de las criptomonedas, el tiempo lo es todo. Los precios pueden fluctuar en segundos y las oportunidades pueden desaparecer tan rápido como aparecen. Con los bots comerciales, puede programar sus estrategias deseadas y dejar que los algoritmos hagan el resto, asegurándose de que sus operaciones se ejecuten precisamente en el momento adecuado. No es necesario ser programador, muchos intercambios lo ofrecen como un servicio adicional.

Otra vía que ha ganado una popularidad significativa es la compra y venta de NFT (tokens no fungibles). La moda de NFT causó un gran revuelo, atrayendo a una multitud de personalidades famosas, desde jugadores de la NBA y estrellas de cine de Hollywood hasta íconos del rap. Muchas celebridades se sumaron a la tendencia, comprando NFT a diestra y siniestra, a pesar de la eventual caída de los precios y la disminución de la demanda.

Si bien el frenesí inicial puede haber disminuido, los NFT aún presentan oportunidades rentables. Por ejemplo, crear NFT y venderlos puede ser una empresa lucrativa. Además, para los comerciantes expertos, existe la opción de comprar NFT por debajo del valor de mercado, aprovechando posibles aumentos de precios futuros.

Es esencial tener en cuenta que el mercado de NFT evoluciona continuamente y puede ser muy volátil. Los precios y la demanda pueden fluctuar drásticamente en función de factores como la popularidad del artista, la singularidad del token y las tendencias generales del mercado. Al igual que con cualquier inversión, una investigación exhaustiva y una sólida comprensión de la dinámica del mercado son cruciales para tomar decisiones informadas.

Cuando se trata de comprar y vender NFT, algunas plataformas e intercambios dedicados se adaptan a este mercado floreciente. OpenSea y Binance se encuentran entre los intercambios más conocidos y de mayor reputación donde se pueden comprar y vender NFT.

A medida que el mundo de las NFT continúa evolucionando, es importante estar atento a las últimas tendencias y desarrollos. Al igual que el trading de criptomonedas, el espacio NFT es dinámico y está lleno de oportunidades para aquellos que están dispuestos a aprender, adaptarse y capitalizar las condiciones del mercado en constante cambio.

Si usted es un artista que busca exhibir su trabajo a través de NFT o un inversionista que busca oportunidades rentables, el mercado de NFT es prometedor tanto para los creadores como para los comerciantes. Adopte esta tendencia creciente con un enfoque calculado, y es posible que se encuentre navegando por el mundo de las NFT con gran éxito.

TRADING EN MARGEN Y FUTUROS

La forma segura de uso de apalancamiento.

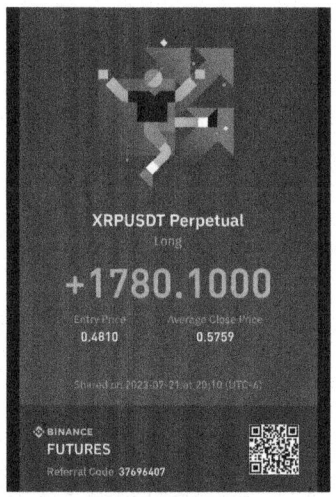

FIGURA 6.1 Ganancias en Binance.

Bienvenido al siguiente capítulo de nuestro viaje de trading criptomonedas, donde exploramos estrategias avanzadas para navegar por el emocionante mundo del daytrading. En esta sección, compartiré ideas y tácticas sobre daytrading (el comercio diario de criptomonedas) con apalancamiento, con el objetivo de capacitarlo para lograr rendimientos similares a los que se muestran anteriormente. Esa operación fue solo una de las muchas exitosas que ejecuté recientemente y, a través de este libro, lo guiaré sobre cómo replicar estas ganancias.

Daytrading con apalancamiento puede ser una herramienta poderosa para aumentar sus ganancias, pero conlleva un mayor riesgo. Es crucial abordar el trading con apalancamiento con precaución y disciplina. Recomiendo enfáticamente no usar un apalancamiento superior a 10X y enfatizó la importancia de tener un amplio capital adicional en garantía. Al hacerlo, mitiga el riesgo de una posible liquidación y preserva su capital comercial.

A medida que se aventure más en este emocionante mundo del comercio de criptomonedas, se encontrará rodeado de oportunidades ilimitadas. Sin embargo, es importante reconocer que el mercado es muy volátil y puede cambiar rápidamente. Es posible experimentar pérdidas, especialmente cuando se usa apalancamiento, razón por la cual la investigación y el análisis meticulosos son primordiales.

Lo animo a que dedique tiempo a investigar y comprender a fondo tanto el análisis técnico como el fundamental. Esto le brindará la confianza para ingresar al mercado solo cuando identifique un punto claro de compra o venta basado en su análisis. Al tomar decisiones comerciales informadas, aumenta sus posibilidades de éxito y minimiza el riesgo de quedar atrapado en condiciones de mercado desfavorables.

La paciencia es una virtud clave en el mundo del cripto trading. Si bien el ejemplo anterior mostró una ganancia impresionante, es esencial recordar que estos rendimientos extraordinarios no sucederán todos los días. El trading es un viaje lleno de altibajos, y es crucial no dejar que la codicia nuble su juicio. En cambio, mantenga un enfoque disciplinado y manténgase conectado a la realidad.

La ganancia de $1,780.10 USD mostrada en la operación anterior se logró a través de una estrategia de Swing Trading bien ejecutada. Swing Trading implica mantener posiciones durante un período más largo, generalmente de unos días a algunas semanas, con el objetivo de capitalizar los movimientos de precios a mediano plazo. Es una estrategia que requiere paciencia y un enfoque calculado.

En mi rutina comercial, equilibro el Swing Trading con otras estrategias como Scalping y Hodling. Scalping implica realizar transacciones rápidas para beneficiarse de pequeños movimientos de precios, mientras que Hodling implica mantener una criptomoneda a largo plazo. La diversificación de sus estrategias comerciales le permite adaptarse a las diferentes condiciones del mercado y maximizar los rendimientos potenciales.

El mercado de criptomonedas es conocido por su volatilidad, y algunos días pueden ser más difíciles de operar que otros. Sin embargo, incluso durante esos días más difíciles, obtener una pequeña ganancia, como el 0,5%, sigue siendo una victoria. Las ganancias consistentes y constantes se acumulan con el tiempo, especialmente cuando se combinan. Al obtener una ganancia diaria del 0,5%, lograría un rendimiento sustancial del 15% a fin de mes. Si hubiera invertido $1,000,000 USD capitalizados todos los días al 0.5% durante 30 días, ¡la ganancia sería de aproximadamente $157,105.85 USD!

Recuerde, el éxito de un operador en el mercado en criptomonedas no se trata de suerte. Se trata de disciplina, conocimiento y estar bien preparado para la batalla. El mercado es un campo de batalla donde los comerciantes compiten entre sí, varias criptomonedas e incluso sus propias emociones. Para llegar a la cima, edúquese extensamente. Sumérjase en el aprendizaje, manténgase actualizado con las tendencias del mercado y comprenda los fundamentos subyacentes de cada criptomoneda.

Para comenzar su viaje, practique en el mercado con una cuenta simulada en su intercambio preferido. Esto le permitirá familiarizarse con sus sistemas, herramientas y diferentes opciones sin arriesgar fondos reales. Después de absorber los conocimientos y estrategias compartidos en este libro, estará bien equipado para sumergirse en el mercado de criptomonedas.

Acérquese al mercado como un guerrero, listo para la batalla, armado con conocimiento y disciplinado en su enfoque. Esto no es un juego de azar; es un campo de batalla donde salen victoriosos los traders más preparados y disciplinados. Al esforzarse por educarse y refinar sus habilidades, se posiciona para el éxito.

Antes de sumergirnos en las estrategias de trading avanzadas que han contribuido a mi éxito en el mercado de criptomonedas, echemos un vistazo más de cerca al Exchange que uso para daytrading. Si aún no lo ha hecho, lo invito a abrir una cuenta en Binance usando mi código de referencia: 37696407. Esto no solo me otorgará un descuento en las tarifas de transacción, sino que también le brindará los mejores beneficios en ese momento en particular. Accedes a la plataforma con todas sus ventajas. Binance es la mejor opción tanto para principiantes como para traders experimentados. Para abrir una cuenta, simplemente diríjase al sitio web de Binance y siga el proceso de registro.

Una vez que haya configurado su cuenta, estará bien encaminado para iniciar su viaje de cripto trader. Pero recuerde, el éxito en trading es un viaje continuo de aprendizaje, adaptación y perfeccionamiento de sus habilidades. Entonces, abrochamos el cinturón y preparémonos para explorar el fascinante mundo de las estrategias avanzadas de comercio de criptomonedas utilizando el Exchange de criptomonedas número 1 actual en el mundo. ¡El camino por delante es emocionante y estoy encantado de tenerte a bordo para este viaje!

Binance es uno de los Exchanges de criptomonedas más grandes y conocidos del mundo. Fue fundado en 2017 por Changpeng Zhao (también conocido como "CZ") y desde entonces se ha convertido en un actor destacado en la industria de las criptomonedas. Binance ofrece una amplia gama de servicios relacionados con los activos digitales, incluido el trading de criptomonedas, el mercado de futuros, el mercado de márgenes, el staking, los préstamos y más.

Este Exchange de criptomonedas permite a los usuarios intercambiar una amplia selección de más de 350 criptomonedas en todo el mundo. Admite varios pares comerciales, incluidos los pares cripto a cripto y fiduciario a cripto. Los más utilizados son Tether (USDT), Bitcoin (BTC), Ethereum (ETH) y XRP (XRP), además de una amplia gama de altcoins. Binance tiene su criptomoneda nativa llamada Binance Coin (BNB), que se puede usar para negociar descuentos en tarifas y participar en ventas de tokens en la plataforma Binance Launchpad.

A lo largo de los años, Binance ha ampliado sus ofertas e introducido nuevas funciones, como Binance Academy (una plataforma educativa), Binance Launchpad (una plataforma para lanzar nuevos tokens), Binance Charity (una plataforma de donación impulsada por blockchain) y Binance Smart Chain. (una red blockchain para aplicaciones descentralizadas). Binance también opera Binance.US, una plataforma separada diseñada específicamente para usuarios en los Estados Unidos.

Binance ofrece una amplia gama de servicios y productos relacionados con el comercio de criptomonedas, incluido el trading de margen con apalancamiento. Puede utilizar el mercado de margen para aumentar sus ganancias, pero también aumenta el riesgo de pérdidas. El trading con margen es una forma de utilizar fondos proporcionados por un tercero para realizar transacciones de activos. En comparación con las cuentas comerciales regulares, trading con margen permiten a los operadores obtener más fondos y los apoyan en el uso de posiciones. El mercado de margen de Binance admite una amplia gama de criptomonedas.

Binance ofrece negociación de futuros, lo que permite a los usuarios negociar contratos de derivados por criptomonedas con apalancamiento. El mercado de futuros permite a los usuarios especular sobre los movimientos de precios de las criptomonedas sin poseer los activos subyacentes, a diferencia del mercado al contado tradicional (spot), donde los usuarios poseen directamente las criptomonedas subyacentes.

El concepto de operar con apalancamiento es fundamental para los futuros de Binance. El apalancamiento permite a los operadores ampliar sus posiciones, lo que les permite controlar una posición más grande con una cantidad menor de capital. Esto significa que los usuarios pueden generar potencialmente mayores ganancias de sus operaciones, pero también conlleva un mayor riesgo. Por lo tanto, los traders deben abordar el apalancamiento con precaución e implementar estrategias de gestión de riesgos adecuadas.

Cuando ingrese a la plataforma de futuros de Binance, encontrará una amplia gama de contratos de criptomonedas disponibles para negociar. Estos contratos representan acuerdos para comprar o vender criptomonedas a precios predeterminados en fechas específicas en el futuro. Los contratos de futuros que se negocian con más frecuencia en Binance son los contratos perpetuos, que no tienen fecha de vencimiento. Este es el contrato de futuros preferido en mi caso, usaremos ejemplos de contratos perpetuos en el resto de este libro.

Una de las ventajas clave en el mercado de futuros de Binance es la capacidad de beneficiarse de los mercados alcistas y bajistas. En una tendencia alcista, los operadores pueden abrir posiciones largas (comprar) para beneficiarse de los aumentos de precios. Por el contrario, en una tendencia bajista, los traders pueden abrir posiciones cortas (vender) para beneficiarse de las disminuciones de precios. Esta flexibilidad permite a los traders sacar provecho de diversas condiciones del mercado y maximizar su potencial de ganancias.

Antes de comenzar a hacer trading en el mercado de futuros en Binance, es esencial estar bien informado sobre el concepto de liquidación. Las posiciones apalancadas conllevan el riesgo de liquidación, que ocurre cuando la bolsa cierra automáticamente la posición de un trader debido a fondos insuficientes para cubrir pérdidas potenciales. Esto puede suceder cuando el precio se mueve de manera adversa a la posición de un trader, lo que genera pérdidas significativas.

La gestión de riesgos es de suma importancia en el mercado de futuros, especialmente cuando se utiliza el apalancamiento. Los traders deben tener cuidado con la cantidad de apalancamiento que utilizan, ya que un mayor apalancamiento aumenta el riesgo de liquidación. Establecer niveles apropiados de stop-loss y asumir riesgos calculados es vital para el éxito a largo plazo en el mercado de futuros.

Binance ofrece varios tipos de órdenes para el mercado de futuros, incluidas órdenes de mercado, órdenes de límite, órdenes de límite de parada y órdenes de toma de ganancias. Estos tipos de órdenes brindan a los operadores flexibilidad y control sobre sus operaciones, ayudándolos a ejecutar sus estrategias de manera efectiva.

El mercado de futuros de Binance abre un mundo de oportunidades para que los traders especulen sobre los movimientos de precios de las criptomonedas con apalancamiento. Sin embargo, también conlleva un mayor riesgo, y los traders deben estar equipados con el conocimiento, las habilidades y la disciplina necesarios para navegar con éxito en el dinámico y emocionante mundo del mercado de futuros. Con el enfoque correcto y un compromiso con el aprendizaje continuo, el trading en futuros puede ser una herramienta poderosa para lograr sus objetivos y aprovechar oportunidades rentables en el mercado de criptomonedas.

Establecer estrategias de trading son un componente clave del éxito en daytrading con apalancamiento. Hay muchas estrategias diferentes que los traders pueden usar, según su tolerancia al riesgo, experiencia y condiciones del mercado. La primera estrategia de trading que quiero discutir ha sido para mí la más efectiva para obtener ganancias a corto plazo. Discutiremos muchas situaciones relacionadas con el trading de scalping.

- Scalping es una estrategia de trading cautivadora que gira en torno a la captura de múltiples operaciones en un corto período de tiempo para capitalizar movimientos de precios minúsculos. Es como convertirse en un ninja ágil en el mercado de criptomonedas, saltando rápidamente dentro y fuera de las posiciones, con el objetivo de embolsarse esas ganancias rápidas.

Por favor, mire el siguiente ejemplo:

LA VIDA DE UN CRIPTO TRADER

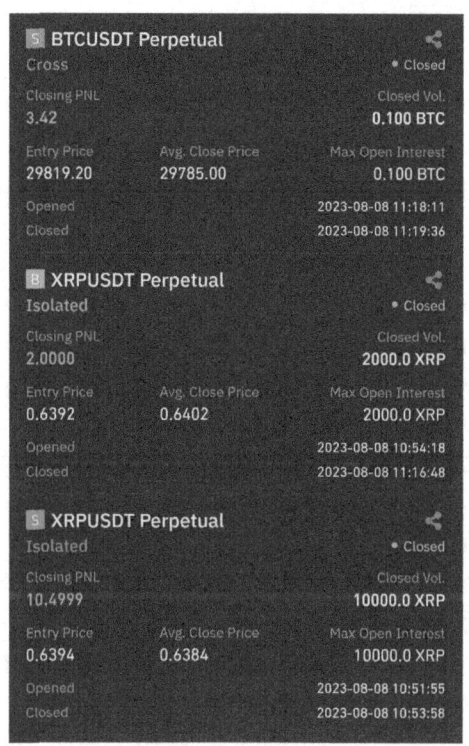

```
BTCUSDT Perpetual
Cross                                    • Closed
Closing PNL                         Closed Vol.
3.42                                    0.100 BTC
Entry Price      Avg. Close Price   Max Open Interest
29819.20         29785.00           0.100 BTC
Opened                              2023-08-08 11:18:11
Closed                              2023-08-08 11:19:36

XRPUSDT Perpetual
Isolated                                 • Closed
Closing PNL                         Closed Vol.
2.0000                              2000.0 XRP
Entry Price      Avg. Close Price   Max Open Interest
0.6392           0.6402             2000.0 XRP
Opened                              2023-08-08 10:54:18
Closed                              2023-08-08 11:16:48

XRPUSDT Perpetual
Isolated                                 • Closed
Closing PNL                         Closed Vol.
10.4999                             10000.0 XRP
Entry Price      Avg. Close Price   Max Open Interest
0.6394           0.6384             10000.0 XRP
Opened                              2023-08-08 10:51:55
Closed                              2023-08-08 10:53:58
```

FIGURA 6.2 Ejemplo de futuros Binance Scalping USDT-M.

Aquí tenemos un ejemplo reciente de como hacer scalping de una manera conservadora sin arriesgar mucho, con poca cantidad cerrando después de cubrir los costos de operación (Fees). Durante el transcurso de aproximadamente 30 minutes se hizo tres operaciones pequeñas:

$3.42 USD obtenido en una posición de corto (short) BTC,

$2.00 USD obtenido en una posición de largo (long) XRP

$10.49 USD obtenido en una posición de corto (short) XRP

Por un total de $15.91 menos los fees, se obtuvieron ganancias de aproximadamente $10.00 USD en menos de 30 minutos. Pequeñas operaciones durante el día se acumulan y al final del día tienes cientos de dólares haciendo pequeños trades de scalping.

En el vertiginoso mundo del scalping, el tiempo lo es todo. Los traders monitorean de cerca las fluctuaciones mínimas en los precios de las criptomonedas y toman decisiones rápidas para comprar o vender. El objetivo es capitalizar los diferenciales de precios más pequeños, y esas ganancias aparentemente insignificantes pueden sumar rápidamente una ganancia sustancial.

Sin embargo, es vital tener en cuenta que el scalping no es para los débiles de corazón o los traders sin experiencia. Esta estrategia exige un enfoque nítido, una sincronización impecable y nervios de acero. Las emociones hay que dejarlas en la puerta, y la disciplina se convierte en tu mejor aliado. En un abrir y cerrar de ojos, se pueden hacer o perder fortunas, por lo que es crucial mantener la sensatez y ceñirse a sus estrategias comerciales meticulosamente planificadas.

Tenga en cuenta que el scalping no está exento de desafíos. Con compras y ventas frecuentes, las tarifas comerciales pueden comenzar a acumularse, lo que podría afectar su rentabilidad general. Para contrarrestar esto, es esencial elegir un intercambio con tarifas bajas y asegurarse de que los pares comerciales que elija sean lo suficientemente líquidos para facilitar transacciones rápidas. También es muy importante conocer la tarifa de entrada y la tarifa de salida, para que pueda asegurarse de que está cubriendo sus tarifas y obteniendo ganancias.

Por favor, mire el siguiente ejemplo:

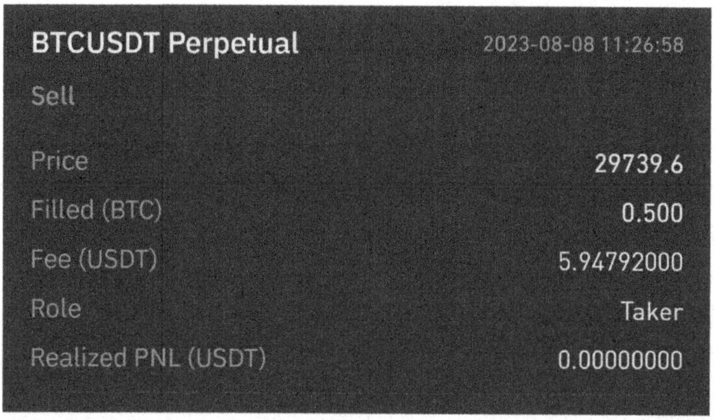

BTCUSDT Perpetual	2023-08-08 11:26:58
Sell	
Price	29739.6
Filled (BTC)	0.500
Fee (USDT)	5.94792000
Role	Taker
Realized PNL (USDT)	0.00000000

FIGURA 6.3 Ejemplo de futuros Binance Bitcoin 0.5 (Sell) USDT-M.

Como puede ver en esta operación de scalping en particular, se vendió 0.5 Bitcoin a 29,739.6 por una tarifa (Fees) de $5,9479 USD. Cuando salga de la operación, tendrá otra tarifa de la misma cantidad. En este caso, necesita un total de $5.9479 USD x 2 = $11.858 USD solo en tarifas. Esto significa que debe tener operaciones exitosas que superen los $12 USD en PNL no realizado (USDT). Siempre eche un vistazo a sus tarifas de entrada y regístrelas para futuras operaciones. Antes de comenzar a operar con Bitcoin, sé que por cada 0.5 Bitcoins que compro, necesito cubrir más de $12 USD para obtener ganancias.

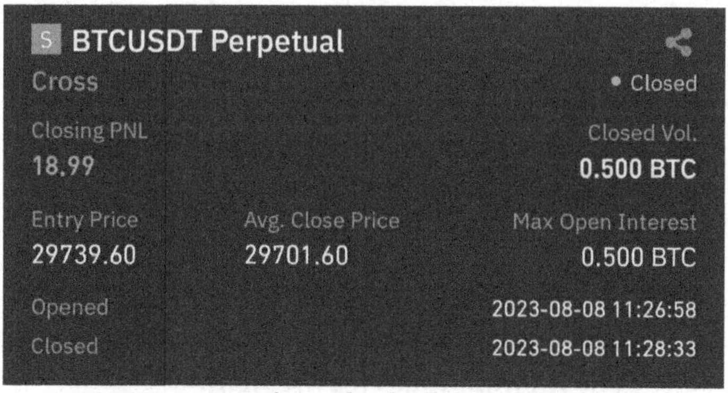

S BTCUSDT Perpetual		
Cross		• Closed
Closing PNL		Closed Vol.
18.99		0.500 BTC
Entry Price	Avg. Close Price	Max Open Interest
29739.60	29701.60	0.500 BTC
Opened		2023-08-08 11:26:58
Closed		2023-08-08 11:28:33

FIGURA 6.4 Ejemplo de futuros Binance Bitcoin 0.5 (Close) USDT-M.

En esta ocasión se cerró la posición de la figura 6.3 con

un Closing PNL de $18.99 USD, menos los Fees de $11.858 USD se obtuvo una exitosa operación de $7.132 USD en el transcurso de 2 minutos.

Si realiza múltiples operaciones con esta estrategia vendiendo aprox. $20-$50 USD en PNL no realizado (USDT), tendrá una ganancia promedio de aprox. $8-$38 USD por cada operación. Digamos que usted está promediando $20 USD por operación, si hace esto solo 10 veces al día, tendrá $200 USD por día, ¡al final del mes estará en camino de acumular potencialmente $6,000 USD! Si está iniciando no arriesgue tanto Bitcoin, inicie con 0.5 Bitcoin, y si el precio baja compra 0.05 más. Esto lo veremos más a fondo en los siguientes capítulos.

La gestión de riesgos es de suma importancia. Si bien el potencial de ganancias rápidas es tentador, el riesgo de pérdidas significativas también está presente. El scalping implica órdenes estrictas de stop-loss para mitigar las posibles desventajas, pero no existe una garantía infalible. Los traders deben estar dispuestos a aceptar que no todas las operaciones serán ganadoras y estar preparados para reducir sus pérdidas rápidamente.

A medida que se aventure en el mundo del scalping, adopte una mentalidad de aprendizaje y mejora continuos. Pruebe y ajuste sus estrategias y esté siempre atento a las condiciones del mercado y los últimos desarrollos. Ejecutar una estrategia de scalping exitosa requiere una sólida comprensión del análisis técnico, un uso competente de los patrones de gráficos y un buen ojo para las tendencias y los patrones de precios. Armado con estas herramientas, estará mejor equipado para identificar oportunidades a corto plazo y ejecutar sus operaciones con precisión.

En el panorama de las criptomonedas en constante evolución, mantenerse adaptable e informado es clave para dominar el arte del scalping. Entonces, si está listo para sumergirse en este enfoque comercial emocionante y lleno de adrenalina, recuerde abordarlo con precaución y respeto por sus desafíos. Es hora de abrazar la emoción de la reventa y embarcarse en este viaje acelerado de capturar esos pequeños pero lucrativos movimientos de precios en el dinámico mundo de las criptomonedas.

- Otra estrategia que utilizan los traders es el enfoque de noticias, que se basa únicamente en un análisis fundamental centrado en eventos de noticias, como cambios regulatorios o desarrollos importantes del mercado. Te recomiendo no basarte únicamente en esta estrategia, siempre incluye análisis técnico.

- El último que uso, como se mencionó anteriormente, es el trading de swing, que implica la compra y venta basado en movimientos de precios a más largo plazo, generalmente manteniendo posiciones durante varios días o semanas. En muchas ocasiones, sus operaciones de Scalping se convierten en operaciones de Swing, debido a cambios imprevistos en el mercado. Esté preparado para esto, no dependa de ningún beneficio particular de ninguna de sus operaciones no realizadas. No use dinero que no pueda permitirse perder.

    Le recomiendo que utilice una combinación de estrategias o que desarrolle una estrategia personalizada que se adapte a su estilo de negociación. Es importante realizar pruebas retrospectivas y evaluar la efectividad de una estrategia comercial antes de usarla en operaciones en tiempo real.

Antes de embarcarnos más en nuestro viaje, debo enfatizar mi papel aquí. **No soy un asesor financiero certificado en los Estados Unidos o México y el contenido de este libro no debe interpretarse como asesoramiento financiero. Las estrategias y los conocimientos compartidos aquí se basan en mis propias experiencias y observaciones en el mundo del trading en** criptomonedas. Si bien han demostrado ser exitosos para mí, no hay garantía de que produzcan los mismos resultados para todos.

Quiero enfatizar que **no soy responsable de ninguna pérdida en la que pueda incurrir en su viaje como trader de criptomonedas. Las decisiones que tome son suyas y usted es el único responsable de los resultados. Opere de manera responsable y siempre priorice la gestión de riesgos y la toma de decisiones acertadas.** Con este entendimiento, podemos avanzar con una mente abierta.

El trading de criptomonedas es un esfuerzo emocionante pero inherentemente arriesgado. La volatilidad e imprevisibilidad del mercado lo hacen inadecuado para todos, y es vital comprender los riesgos potenciales involucrados. Como con cualquier inversión, existe la posibilidad de perder todo su capital, y eso es algo que todos debemos reconocer.

Debo enfatizar la importancia de hacer su debida diligencia e investigación antes de tomar cualquier decisión de inversión. Comprenda su tolerancia al riesgo individual, su situación financiera y sus objetivos a largo plazo. Solo invierta lo que pueda permitirse perder, y nunca ponga todos sus huevos en una sola canasta. La diversificación es un enfoque prudente para administrar el riesgo de manera efectiva.

Recuerde siempre que el mercado de criptomonedas opera las 24 horas del día, los 7 días de la semana, y los precios pueden fluctuar rápidamente sin previo aviso. Esto significa que las decisiones tomadas en un momento de euforia o pánico pueden tener profundas consecuencias. Las emociones pueden nublar el juicio y conducir a acciones impulsivas que pueden no alinearse con su estrategia comercial general.

Este libro sirve como una guía y una colección de estrategias que me han resultado fructíferas, pero no es una solución única para todos. Cada trader es único, y lo que funciona para uno puede no funcionar para otro. La clave es tomar el conocimiento que obtiene de este libro, adaptarlo a sus circunstancias y desarrollar su enfoque comercial personalizado.

Ahora que configuró con éxito su cuenta de Binance y transfirió su XRP desde su intercambio local como Bitso, su XRP debería estar en su Spot Exchange en segundos o minutos. El siguiente paso es ejecutar sus operaciones estratégicamente. Comenzará vendiendo su XRP por USDT (Tether), una moneda estable que mantiene un valor vinculado al dólar estadounidense. USDT sirve como una opción segura y confiable para que los traders se protejan contra posibles fluctuaciones de precios en el mercado de criptomonedas.

Después de convertir su XRP a USDT, tiene la opción de transferirlo a su cuenta de margen o a su cuenta de Futuros. Exploremos primero la cuenta de margen. El mercado de margen le permite tomar prestados fondos del intercambio, aprovechando su posición para aumentar su potencial comercial. Con el mercado de margen, puede amplificar sus ganancias, pero también lo expone a mayores riesgos. Es fundamental abordar las operaciones con margen con precaución y establecer directrices claras de gestión de riesgos para proteger su capital.

FIGURA 6.5 Margen Binance Bitcoin.

En el mercado de margen en Binance, puede operar con un apalancamiento de hasta 10X. El apalancamiento significa esencialmente que puede pedir prestados fondos para aumentar el tamaño de su operación. Por ejemplo, con un apalancamiento de 10X, una operación de $1000 tendría el efecto equivalente a una operación de $10 000. Esto puede generar ganancias significativas si la operación va a su favor, pero también significa que las pérdidas también se magnifican.

Ahora, cambiemos nuestro enfoque al mercado de futuros USDT-M en Binance, donde las posibilidades son aún mayores. Binance ofrece negociación de futuros con opciones de apalancamiento aún mayores, lo que le permite operar con un apalancamiento de 20X, 50X o incluso 125X. Esto significa que puede ampliar significativamente su exposición y sus beneficios potenciales.

El mercado de futuros opera de manera diferente al mercado al spot. En lugar de comprar o vender criptomonedas directamente, está negociando contratos de derivados en función del precio del activo subyacente. En el mercado de futuros le permite especular sobre los futuros movimientos de precios de las criptomonedas sin poseer los activos.

Para transferir su USDT desde su cuenta al contado a su cuenta de futuros USDT-M, siga los sencillos pasos proporcionados por Binance. Vea el ejemplo de la figura 6.4. Esto le dará acceso al mercado de futuros, donde puede aplicar estrategias comerciales avanzadas, como el scalping para capitalizar los movimientos de precios a corto plazo.

LA VIDA DE UN CRIPTO TRADER

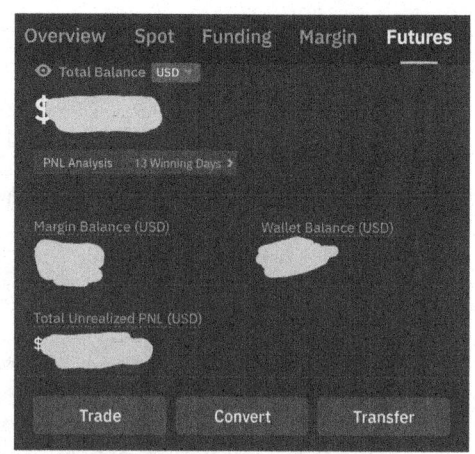

FIGURA 6.6 Transferencia de futuros de Binance.

Sin embargo, es esencial recordar que operar con un alto apalancamiento también significa un mayor riesgo. Si bien el apalancamiento puede aumentar sus ganancias, también puede aumentar sus pérdidas. Por lo tanto, acérquese siempre al mercado de futuros con una estrategia de gestión de riesgos bien pensada y establezca órdenes de límite de pérdidas para proteger su capital. Esté atento a las oportunidades, sea disciplinado en su enfoque y recuerde implementar las técnicas de gestión de riesgos que hemos discutido a lo largo de este libro.

Si prefiere conservar su XRP y no quiere venderlo, existen estrategias alternativas que puede explorar para aprovechar su potencial. Una opción es comprar la misma cantidad de XRP en su bolsa de futuros y usarla para operar con Swing. Al hacer esto, puede mantener sus tenencias originales de XRP y al mismo tiempo aprovechar los movimientos de precios en la plataforma de futuros.

Otro enfoque es utilizar la función Cripto Loans que ofrece Binance. Con Cripto Loans, puede poner su XRP como garantía y pedir prestado USDT contra él. Este préstamo USDT se puede transferir a su cuenta de futuros, lo que le permite utilizar los fondos prestados para ejecutar operaciones apalancadas.

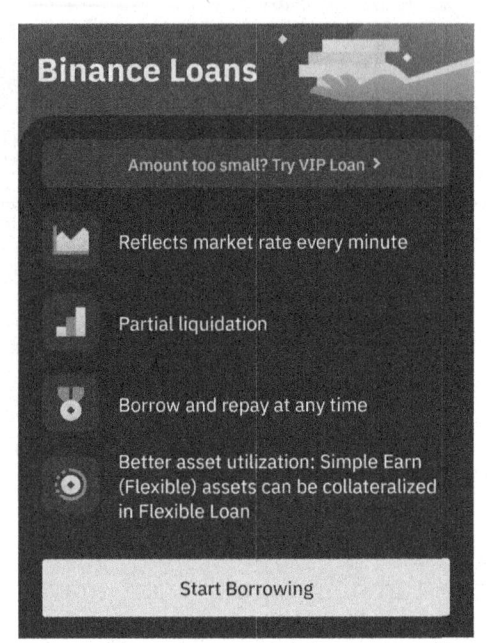

FIGURA 6.7 Préstamos Binance.

Al usar Cripto Loans, puede mantener su posición XRP a largo plazo mientras participa activamente en el mercado de futuros. Esta estrategia ofrece la flexibilidad de beneficiarse tanto de la tenencia a largo plazo como de las oportunidades comerciales a corto plazo sin vender sus tenencias originales de XRP.

Sin embargo, es esencial abordar el préstamo de fondos de manera responsable y considerar los riesgos asociados con el apalancamiento de sus posiciones. Si bien el apalancamiento puede amplificar las ganancias potenciales, también aumenta la exposición a pérdidas potenciales. Como siempre, asegúrese de tener un plan sólido de gestión de riesgos y evalúe cuidadosamente sus decisiones comerciales.

En última instancia, la elección entre vender, operar con swing o utilizar préstamos de criptomonedas dependerá de sus objetivos comerciales, tolerancia al riesgo y perspectiva del mercado. A medida que adquiera experiencia y se familiarice con las diferentes estrategias de trading, puede ajustar su enfoque para optimizar su éxito comercial en el dinámico mundo de las criptomonedas.

Debo enfatizar que no recomiendo a los ciudadanos estadounidenses en los Estados Unidos participar en el mercado de futuros, especialmente si violan las regulaciones locales. De hecho, el uso de una VPN puede potencialmente eludir ciertas restricciones, pero desaconsejo encarecidamente infringir las reglas o participar en actividades que puedan estar en contra de la ley en su país.

Operar con apalancamiento puede ser muy riesgoso y es crucial operar dentro del marco legal y las regulaciones de su país para garantizar tanto su seguridad como la integridad del intercambio. Intentar operar con apalancamiento en un país donde no está permitido puede tener graves consecuencias, incluidos problemas legales y posibles cierres de cuentas en el intercambio.

Si su país restringe o prohíbe el trading con apalancamiento, es esencial adherirse a esas reglas y evitar cualquier acción que pueda ponerlo en conflicto con la ley. En cambio, concéntrese en explorar otras estrategias comerciales legítimas que cumplan con las regulaciones de su país.

Para aquellos que buscan un entorno amigable con las criptomonedas para vivir y comerciar, varios países apoyan la innovación de blockchain y tienen regulaciones de criptomonedas favorables. Países como Portugal, Malta, El Salvador y México son conocidos por su postura positiva hacia las criptomonedas y la tecnología blockchain.

México, en particular, se ha convertido en un destino popular para los nómadas digitales y los entusiastas de las criptomonedas. Con sus hermosos paisajes, comunidades acogedoras y cultura vibrante, México ofrece un entorno atractivo para las personas que buscan adoptar el estilo de vida de las criptomonedas. Ciudades como Puerto Vallarta, Jalisco y Bucerias en Nayarit brindan no solo un entorno de vida seguro y protegido, sino también acceso a una próspera comunidad cripto.

En última instancia, es esencial priorizar el cumplimiento de las leyes y regulaciones locales y, al mismo tiempo, encontrar un entorno adecuado y amigable con las criptomonedas que se alinee con sus intereses y estilo de vida. Ser consciente de las legalidades y llevar a cabo prácticas comerciales responsables contribuirá a un viaje exitoso y sostenible en el mundo de las criptomonedas.

En los próximos capítulos, profundizaremos en estrategias específicas y compartiré ejemplos de la vida real y consejos prácticos para ayudarlo a refinar sus habilidades de trading y dominar el arte del daytrading criptomonedas con apalancamiento, para que pueda lograr sus objetivos comerciales y desbloquear el potencial de rendimientos lucrativos. Juntos, nos embarcaremos en este viaje hacia el crecimiento financiero y la excelencia en trading. Por ahora, continuemos con el siguiente capítulo, donde aprenderá sobre la quiebra, la manipulación y la forma de evitar el fraude en los Exchanges de criptomonedas.

EXCHANGES, MANIPULACIÓN Y PREVENCIÓN DEL FRAUDE

Aprende del pasado para que no se repita.

La diversificación es un aspecto crucial del comercio exitoso de criptomonedas. Si bien tener un Exchange preferido en el que se sienta cómodo y exitoso es excelente, también es esencial distribuir algunos de sus activos en otros intercambios de buena reputación. Esta estrategia ayuda a mitigar los riesgos potenciales y protege sus inversiones en caso de que algo le suceda a un Exchange en particular.

A lo largo de la historia de las criptomonedas, hemos sido testigos del auge y la caída de varios Exchanges por diferentes motivos. Algunos Exchanges enfrentaron violaciones de seguridad, mientras que otros enfrentaron problemas regulatorios o dificultades financieras. Desafortunadamente, esto generó pérdidas para algunos comerciantes que tenían sus activos exclusivamente en esas plataformas.

Compartiré tres ejemplos de intercambios que ya no están operativos:

- El primero es Mt. Gox, que en 2013 era un importante Exchange de Bitcoin con sede en Tokio, Japón. Era uno de los Exchanges de criptomonedas más grandes en ese momento, y manejaba una parte significativa del volumen comercial global de Bitcoin. Sin embargo, enfrentó una gran crisis y finalmente colapsó, lo que provocó la pérdida de una cantidad significativa de fondos de los usuarios.

  Los problemas de Mt. Gox comenzaron en febrero de 2013 cuando el Exchange suspendió todos los retiros de Bitcoin, citando problemas técnicos. La suspensión continuó durante varias semanas, durante las cuales los clientes se preocuparon cada vez más por la seguridad y solvencia del Exchange.

  En abril de 2013, Mt. Gox anunció que había encontrado una cantidad significativa de "transacciones inusuales" y las informó a las autoridades japonesas. El Exchange afirmó que estas transacciones fueron el resultado de una falla de seguridad conocida como maleabilidad de la transacción, que permitió que alguien manipulara la identificación de la transacción. Este anuncio erosionó aún más la confianza en la plataforma.

  Durante los meses siguientes, Mt. Gox enfrentó un escrutinio cada vez mayor y desafíos legales. En julio de

2013, el Departamento de Seguridad Nacional de los EE.UU. confiscó $5 millones de la cuenta bancaria de la subsidiaria estadounidense de la compañía, citando un negocio de transferencia de dinero sin licencia. En agosto, un hacker comprometió el blog personal y la cuenta de Reddit del CEO de Mt. Gox, Mark Karpeles.

La situación llegó a un punto crítico a principios de 2014 cuando Mt. Gox detuvo abruptamente todas las transacciones y cerró su sitio web. El Exchange afirmó que había perdido aproximadamente 850.000 Bitcoins, por un valor de cientos de millones de dólares en ese momento, debido a una larga serie de brechas de seguridad. Esta pérdida representó alrededor del 7% de todos los Bitcoins en circulación en ese momento.

El colapso de Mt. Gox tuvo un impacto significativo en la comunidad de criptomonedas y condujo a un mercado bajista prolongado para Bitcoin. Siguieron procedimientos legales e investigaciones, y Mark Karpeles finalmente fue arrestado y acusado de malversación y manipulación de datos.

En los años posteriores al colapso, se inició un proceso de quiebra para indemnizar a los usuarios afectados. A través del proceso de quiebra, se recuperó una parte de los Bitcoins perdidos y los acreedores pudieron presentar reclamaciones para recuperar sus fondos. Sin embargo, el proceso de distribución y reembolso ha sido complejo y prolongado, y muchos usuarios solo han recibido una fracción de los fondos perdidos.

- El segundo Exchange que quiero mencionar fue FTX, un intercambio de derivados de criptomonedas que había estado operando desde 2019. FTX había estado creciendo rápidamente en los últimos años y se convirtió en uno de los Exchanges de criptomonedas más grandes del mundo, con un enfoque en el trading de derivados. La compañía también había estado ampliando sus ofertas, lanzando nuevos productos como acciones, tokenización y un mercado de opciones.

En mayo de 2021, FTX recaudó $900 millones de dólares, lo que valoró a la empresa en $18 mil millones de dólares. Este fue un hito importante para la empresa, ya que convirtió a FTX en uno de los Exchanges de criptomonedas más valiosos del mundo.

Luego, el 11 de noviembre de 2022, nos tomó a todos por sorpresa. FTX se declaró en insolvencia y no cumplió con las demandas de retiro. Como resultado, la compañía tuvo que declararse en bancarrota bajo el Capítulo 11 en los Estados Unidos. Se descubrió que FTX canalizó los fondos de los clientes a Alameda Research para operaciones riesgosas y perdió una cantidad significativa. También utilizó algunos de estos fondos para comprar activos relativamente ilíquidos. A medida que continúa este caso, aprenderemos más sobre esta empresa fraudulenta. Ahora pasemos al tercer ejemplo:

- Desafortunadamente, Whaleclub resultó ser una experiencia de pesadilla para muchos traders, incluido yo mismo. Esta plataforma de negociación de criptomonedas contaba con una amplia gama de ofertas, lo que permitía a los usuarios intercambiar varios activos con Bitcoin y otras criptomonedas. Parecía una oportunidad prometedora para diversificar mi cartera comercial, ya que ofrecían opciones comerciales en divisas, acciones y materias primas además de criptomonedas.

Inicialmente, la plataforma parecía tentadora con promesas de bonos del 100% por cada depósito. Sin embargo, esos bonos nunca se materializaron para mí, y las señales de alerta comenzaron a surgir tan pronto como entré en el mercado. Rápidamente se hizo evidente que era un campo de juego desigual, con los traders enfrentados a la misma plataforma. Aunque mis operaciones parecían ser rentables, el saldo de mi cuenta terminaba misteriosamente en negativo.

La verdad pronto salió a la luz: Whaleclub era nada menos que un esquema Ponzi. Estaban participando en prácticas fraudulentas y engañando a miles de personas inocentes, incluido yo mismo. Sus promesas eran huecas y estaban robando dinero a plena vista. En mi caso era evidente que emprender acciones legales sería costoso, llevaría mucho tiempo y es posible que ni siquiera conduzca a que se haga justicia. Finalmente, decidí no tomar esa ruta, ya que parecía un callejón sin salida.

Para colmo de males, el fundador de Whaleclub finalmente fue capturado y recibió una prohibición de comerciar durante ocho años. Aunque se le ordenó pagar una multa, palideció en comparación con la enorme cantidad de dinero que había defraudado a innumerables víctimas. Fue un recordatorio de que los organismos reguladores, como la SEC, deberían estar más atentos a la hora de proteger a los comerciantes inocentes de este tipo de estafas, y no perseguir proyectos sólidos como XRP, ADA y muchos otros que deberían estar prosperando pero que no lo están debido a la gran mano de la SEC.

Whaleclub operaba sin tener en cuenta a sus usuarios, asegurando que las posiciones de los traders se liquidarán en detrimento de ellos. A los traders rentables se les negaron sus ganancias, ya que la plataforma invocó excusas para retener los retiros. Era una plataforma manipuladora y deshonesta, diseñada para despojar a los traders del dinero que tanto les costó ganar.

Mi experiencia con Whaleclub sirve como advertencia para aquellos que se aventuran en el mundo de las criptomonedas. Destaca la necesidad de extremar las precauciones al experimentar con nuevos Exchanges, especialmente aquellos que prometen bonificaciones o devoluciones poco realistas. También subraya la importancia de investigar y examinar minuciosamente cualquier plataforma de operaciones antes de confiarles sus fondos.

Como traders, es nuestra responsabilidad mantenernos informados y protegernos de posibles estafas y actividades fraudulentas. Al aprender de mi experiencia y ser cautelosos, podemos navegar el mercado de criptomonedas con mayor confianza y seguridad. Recuerde siempre, si una oportunidad parece demasiado buena para ser verdad, probablemente lo sea, y es mejor evitarla por completo.

Ha habido muchos más Exchanges de criptomonedas que han quebrado, lo invito a investigarlos y aprender de ellos. Otro caso peculiar que vale la pena compartir fue QuadrigaCX, un Exchange de criptomonedas canadiense que fue noticia en 2019 cuando su CEO falleció inesperadamente, dejando al intercambio sin poder acceder a sus billeteras frías. Esto resultó en una pérdida de aproximadamente $190 millones de dólares en fondos de usuarios.

Estos ejemplos sirven como recordatorio de la importancia de diversificar sus activos en diferentes Exchanges para distribuir el riesgo. Si bien los Exchanges acreditados como Binance, Coinbase y Kraken se han establecido como plataformas confiables, las circunstancias imprevistas aún pueden afectar cualquier Exchange. Tener cuentas en varias plataformas garantiza que sus fondos no se concentren en un solo lugar, lo que reduce su exposición a posibles pérdidas.

Como traders, siempre debemos ser cautelosos y proactivos para salvaguardar nuestras inversiones. La diversificación, junto con la gestión de riesgos adecuada y la diligencia debida, son elementos clave para navegar el mercado de criptomonedas con confianza y resiliencia.

Es importante tener en cuenta que la industria de las criptomonedas es muy volátil y está sujeta a varios factores que pueden afectar el éxito o el fracaso de Exchanges específicas. Estos factores pueden incluir problemas regulatorios, brechas de seguridad, falta de confianza del usuario, competencia o mala gestión, entre otros. Es posible que uno o más de estos factores hayan contribuido a los desafíos que enfrentan estos Exchanges, pero según mi experiencia y la investigación que hice, eran empresas fraudulentas.

Es crucial ser consciente de la presencia de manipulación en el mercado de criptomonedas. A diferencia de los mercados tradicionales como el forex, las materias primas, las acciones del Dow Jones y el S&P, el cripto mercado es más susceptible a la manipulación debido a su tamaño relativamente pequeño y a la falta de regulaciones estrictas.

En el mundo de las criptomonedas, los comerciantes institucionales y los inversores privados, a menudo denominados "ballenas", pueden ejercer una influencia significativa en el mercado. Estas ballenas poseen cantidades sustanciales de capital y cuando deciden dirigir el precio en una dirección particular, tienen los medios para hacerlo, al menos en el corto plazo. Compran o venden estratégicamente grandes volúmenes hasta que logran el resultado deseado, lo que a menudo conduce a rápidos movimientos de precios.

La desafortunada realidad es que a pesar de que estos participantes del mercado pueden no tener la intención de manipular el mercado, sus acciones, dado el volumen significativo que manejan, pueden mover el mercado sustancialmente. Para los traders atrapados en el lado equivocado de tales movimientos, la liquidación se convierte en un riesgo real.

A diferencia de los mercados tradicionales, donde el tamaño y las regulaciones actúan como disuasivos para la manipulación, el tamaño relativamente pequeño del mercado de criptomonedas significa que incluso una persona con unos pocos millones de dólares puede tener un impacto significativo en los movimientos de precios. Hoy en día, la manipulación puede ocurrir a mayor escala, con múltiples cuentas actuando al unísono para ejecutar órdenes coordinadas, manipulando precios para lograr los objetivos deseados. Esta práctica poco ética e ilegal crea una oferta y demanda artificial, y una vez que logran sus objetivos, se retiran, dejando que otros carguen con las consecuencias.

La falta de regulaciones sólidas en el mercado de criptomonedas exacerba aún más el problema, brindando a los manipuladores oportunidades para explotar el sistema y escapar de las consecuencias. Por el contrario, los mercados tradicionales cuentan con organismos reguladores y de supervisión estrictos que garantizan prácticas justas y protegen a los inversores de la manipulación.

Como operadores de criptomonedas, es fundamental mantenerse informados y atentos a posibles manipulaciones. Si bien es imposible eliminarlo por completo, estar al tanto de la dinámica del mercado y monitorear de cerca las tendencias y los movimientos de precios puede ayudarnos a tomar decisiones comerciales más informadas.

Debemos ser cautelosos y perspicaces al operar en el mercado de criptomonedas. Utilice siempre Exchanges acreditados y bien regulados, y considere utilizar estrategias de gestión de riesgos, como establecer órdenes de limitación de pérdidas, para proteger sus inversiones. Al armarnos con el conocimiento y mantenernos informados, podemos navegar mejor los desafíos que plantea la manipulación y tomar decisiones comerciales más seguras.

Los primeros años del mercado de las criptomonedas estuvieron plagados de manipulación y prácticas fraudulentas. Puedo relacionarme con muchas historias de fraude, ya que yo también he sido testigo de lo peor y he sufrido pérdidas. La diversificación y la precaución se han vuelto cruciales para navegar en este paisaje impredecible. Recuerdo vívidamente un incidente particular en 2016 cuando tenía posiciones en diferentes Exchanges por la misma moneda. Para mi asombro, el precio de un Exchange fue completamente en contra de mi análisis y liquidó mi posición. Era como si supieran exactamente cuándo atacar, esperando hasta que se alcanzara el precio de liquidación antes de volver a donde estaba. Fue un robo hábilmente orquestado, ejecutado sin disparar un solo tiro. Fue desalentador presenciar una manipulación tan flagrante en un mercado en el que había llegado a confiar y creer.

Recuerdo otra ocasión en la que mis indicadores técnicos dieron en el clavo, lo que indica que la moneda había tocado fondo y estaba en el nivel de soporte más bajo visto en meses. Esta parecía la oportunidad perfecta para capitalizar la caída. Confiado en mi análisis, invertí más, convencido de que el precio no podía bajar más. Pero el destino tenía otros planes. Las personas que orquestaron esta manipulación sabían exactamente cuándo los comerciantes como nosotros estaban a punto de obtener ganancias sustanciales. Deliberadamente crearon operaciones que empujaron el precio en la dirección opuesta, provocando que se hundiera lo suficiente como para desencadenar liquidaciones. Una vez que ocurrieron las liquidaciones, el precio se recuperó rápidamente, dejando a los operadores como yo con grandes pérdidas. Fue un esquema bien calculado para explotar la vulnerabilidad de aquellos que habían invertido sus fondos duramente ganados, a menudo sin recursos para recuperar sus pérdidas.

Los Exchanges fraudulentos utilizaron varias tácticas para atrapar a los traders, sabiendo que acceder a fondos adicionales en el mercado de futuros no era tarea fácil. Los depósitos tenían que hacerse en Bitcoin y, a menudo, tomaban horas confirmarlos. Aprovecharon este retraso, manipulando los precios para asegurarse de que los traders perdieran sus fondos, independientemente de sus posiciones o análisis. Los individuos detrás de estos Exchanges fraudulentos eran nada menos que ladrones, sin tener en cuenta los estragos que causaban en las vidas de los comerciantes inocentes. Habían diseñado un sistema en el que los traders no podían ganar, independientemente de la cantidad que invirtieran. La manipulación fue real, generalizada y devastadora.

Además, no se limitó solo a los Exchanges. En ocasiones, figuras públicas y personas influyentes han publicado intencionalmente información engañosa para servir a sus intereses, lo que exacerba aún más los desafíos que enfrentan los comerciantes que buscan información genuina para tomar decisiones informadas.

La influencia de ciertas figuras públicas, particularmente Elon Musk, en el mercado de criptomonedas ha sido fascinante y preocupante. Si bien una vez lo admiré por su visión innovadora y sus contribuciones a la tecnología, me desilusioné cuando vi cómo sus tweets sobre Bitcoin y Dogecoin tenían un impacto significativo en el mercado, a menudo en detrimento de los traders desprevenidos.

Es desalentador ver cómo los tweets de una persona pueden influir en el mercado en función de sus intereses, lo que hace que otros pierdan cantidades sustanciales de dinero mientras continúa acumulando riqueza sin ninguna repercusión. La falta de rendición de cuentas en tales situaciones es preocupante y destaca la necesidad de una mayor regulación y responsabilidad ética entre las figuras influyentes.

Sin embargo, en este panorama impredecible, debemos utilizar toda la información disponible a nuestro favor. Saber quién tiene tanta influencia en el mercado puede ser crucial para tomar decisiones informadas. Independientemente de nuestros sentimientos personales hacia estas figuras influyentes, mantenerse informado y seguir sus tweets puede brindar información valiosa sobre los movimientos del mercado y las oportunidades potenciales.

En el pasado, me encontré con desafíos con intercambios como BitMEX y Poloniex. El mercado de criptomonedas alguna vez fue similar al Salvaje Oeste, donde se hicieron y perdieron grandes fortunas en cuestión de segundos. Los precios aumentarían un 100% y caerían casi a cero en un abrir y cerrar de ojos, similar a los juegos de apuestas altas donde la casa siempre parecía ganar.

Los primeros años del trading en el mercado de criptomonedas estuvieron plagados de desafíos y prácticas de manipulación. Una de las experiencias negativas que tuve fue el cambio de precio que ocurriría después de colocar una orden de mercado larga. Parecía que el precio siempre bajaba justo después de ingresar a una operación, aunque el volumen parecía saludable. Era evidente que mis operaciones no podían ser capaces de mover el mercado en esa medida, lo que me llevó a sospechar de manipulación para su beneficio.

Para contrarrestar esto, colocaba órdenes de límite, pero a menudo no se ejecutaban al precio deseado. Fue frustrante ver que la misma moneda en otro Exchange no experimentó fluctuaciones de precios similares. Lo mismo ocurría con la venta; mis órdenes de venta se ejecutarían constantemente por debajo de mi precio previsto. Estos Exchanges estaban manipulando el precio de cada moneda para atraer a los comerciantes a perder sus fondos y, posteriormente, depositar más.

Esos primeros días eran una reminiscencia del salvaje oeste, donde el mercado era indómito y la manipulación era rampante. Si bien había experimentado pérdidas en el mercado de divisas antes, no eran nada en comparación con las pérdidas sustanciales en las que incurrí en estos intercambios. Fue una lección dura, pero vino con el territorio, ya que ser parte de la historia en el mercado de criptomonedas tenía su precio.

BitMEX fue otro Exchange que presentó sus desafíos. El mercado a menudo lo movían las ballenas, individuos con un capital sustancial que podían impactar significativamente los precios con sus transacciones. A veces, también me encontraba contribuyendo a estos movimientos del mercado, gracias al tamaño relativamente pequeño del mercado en ese entonces. Unos pocos cientos de miles de dólares fueron suficientes para tener un impacto notable, y este aspecto hizo que el trading fuera particularmente complicado.

Otro problema que encontramos fue la transferencia de fondos, que solo se podía hacer en Bitcoin. Las altas tarifas asociadas con la transferencia de Bitcoin lo hacían costoso e inconveniente, con tarifas que alcanzaban cientos de dólares por una sola transferencia. Esperar 24 horas para que se completara una transferencia también era algo común, lo que significaba perder oportunidades comerciales potenciales.

Durante ese tiempo, prevalecían los bots llenos de los llamados "expertos", pero desaparecían tan rápido como aparecían. Muchos traders se arruinaron y perdieron una parte significativa de sus inversiones. Solo unos pocos sobrevivieron a los tumultuosos primeros años, y me considero afortunado de estar entre los que aprendieron de estas experiencias y pueden compartir lecciones valiosas.

A pesar de los desafíos y las pérdidas, ser parte de la primera comunidad de cripto fue una experiencia única. Nos enseñó lecciones valiosas sobre la gestión de riesgos, la diligencia debida y la resiliencia. Si bien el mercado ha madurado a lo largo de los años y la regulación ha mejorado, es crucial mantenerse alerta y cauteloso en nuestro enfoque como trader de criptomonedas. Aprender del pasado nos ayuda a navegar por el panorama en constante evolución de los activos digitales y a mantenernos a la vanguardia.

Afortunadamente, el mercado de las criptomonedas ha recorrido un largo camino desde entonces, y muchos intercambios ahora están más regulados y ofrecen una apariencia de estabilidad y confiabilidad. Aunque persiste la volatilidad, es alentador ver que la mayoría de los Exchanges se mueven en una dirección similar, proporcionando un nivel de previsibilidad en medio del caos.

Espero que pueda evitar las mismas dificultades y aprender de mis experiencias. Una de las lecciones más importantes que he aprendido es nunca poner todos mis fondos en una sola posición en el mercado de futuros. Si bien las recompensas potenciales pueden ser tentadoras, el riesgo de perderlo todo es igualmente significativo. El mercado de las criptomonedas es un escenario de constante aprendizaje y adaptación. Al estar abiertos al conocimiento y permanecer alerta, podemos navegar sus complejidades y tomar decisiones más informadas y estratégicas.

Este viaje puede tener sus desafíos, pero también ofrece oportunidades ilimitadas para aquellos que avanzan con cuidado y aprenden tanto de los triunfos como de las tribulaciones. Espero que este libro sirva como una guía valiosa para equiparlo con las herramientas y el conocimiento necesarios para navegar en este cautivador mundo de las criptomonedas. En el próximo capítulo, cubriré información importante sobre cómo tomo decisiones para ir largo, corto, hodl o cerrar una posición.

CUÁNDO VENDER CORTO, HODL O CERRAR UNA POSICIÓN

Superar a la mayoría de los traders.

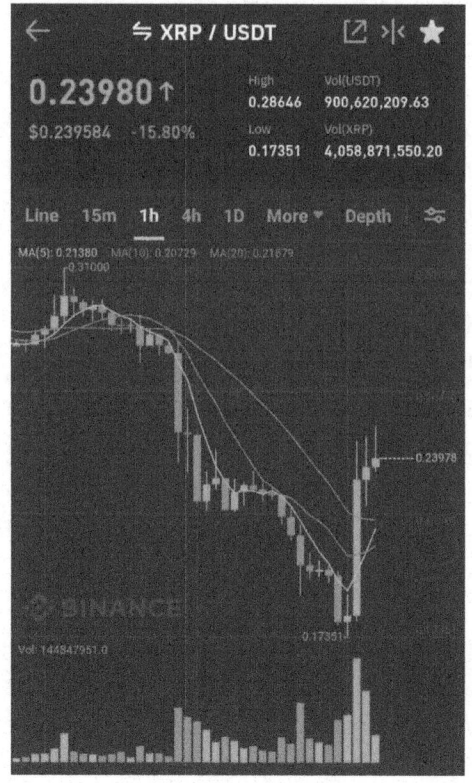

FIGURA 8.1 Binance Futures XRP.

En el gráfico que les muestro, pueden presenciar el impacto devastador de la demanda de la SEC en Ripple Labs, que ocurrió el 23 de diciembre de 2020. XRP, una vez valorado en 56 centavos, se desplomó más del 40% en solo un día. alcanzando apenas 17 centavos. Fue una vista espantosa, y por casualidad hice una captura de pantalla de este evento trascendental en un gráfico horario. Después de tocar el punto más bajo en 17 centavos, se recuperó a 31 centavos, como se ve en esta captura de pantalla.

Es esencial comprender que nadie posee conocimientos especiales, intuición o poderes mágicos para predecir el momento perfecto para una operación. Sin embargo, armado con los consejos y estrategias presentados en este libro, se acercará notablemente y superará a la mayoría de los operadores del mercado. Hago esta declaración audaz porque si hubiera sabido lo que sé hoy, habría sido una bestia absoluta en el mundo comercial y aún más próspera.

En este capítulo, me complace brindarle una gran cantidad de valiosos consejos que, sin duda, lo prepararán para el éxito en daytrading. Más importante aún, estará equipado con la mentalidad adecuada para enfrentar los desafíos e incertidumbres del mercado de criptomonedas. La preparación mental que obtenga de estos conocimientos será su arma más poderosa en su viaje para convertirse en un day trader exitoso.

La posibilidad de ingresar a un mercado bajista está siempre presente, especialmente cuando los organismos reguladores como la SEC se enfocan en empresas de criptomonedas de buena reputación. En algunos casos, países enteros han provocado la caída del mercado al declarar ilegal el trading y el uso de criptomonedas, como vimos con China.

Estar preparado para un mercado bajista potencial es crucial en el mercado de criptomonedas. Debe estar atento y monitorear de cerca los indicadores específicos que señalan la necesidad de vender en corto. Vender al descubierto implica apostar a que el precio bajará y su objetivo es beneficiarse de este

LA VIDA DE UN CRIPTO TRADER

movimiento a la baja.

Para navegar con éxito en un mercado bajista, vigile de cerca varios indicadores, como el volumen y los pedidos de libros. Estos indicadores actúan como su ventana para comprender cuántos traders están comprando y vendiendo activamente. Echemos un vistazo al ejemplo proporcionado a continuación:

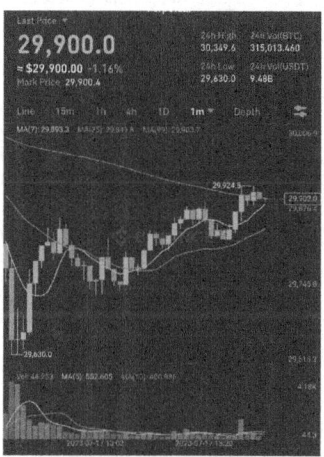

FIGURA 8.2 Volumen de Bitcoin en futuros Binance.

FIGURA 8.3 Libro de órdenes Bitcoin en futuros Binance.

En el ejemplo dado, puede observar que hay más

compradores que vendedores. El precio base está en $29.885,2 USD y hay una orden de compra inmediata de 27.724 Bitcoins, mientras que solo hay una orden de venta total de 3.304 Bitcoins. Esta demanda sustancial para comprar Bitcoins sugiere que es probable que el precio suba. Efectivamente, subió unos cuantos dólares, pero como puede ver, ha alcanzado un nivel de resistencia inmediato y ahora se ha desplazado a una breve indicación si está realizando operaciones de scalping. Siempre revise el volumen e identifique el soporte y la resistencia.

Al mantenerse informado y analizar estos indicadores, puede tomar decisiones bien informadas y adaptar sus estrategias de trading en consecuencia, asegurándose de estar bien preparado para cualquier condición del mercado, incluido el mercado bajista potencial.

Es crucial tener mucho cuidado cuando se trata de monedas de bombeo y descarga (pump and dump) o lo que comúnmente llamamos "monedas basuras". Si bien la tentación de aprovechar la exageración y ganar dinero rápido puede ser atractiva, los riesgos son demasiado altos para justificar tal movimiento. He tenido una buena cantidad de liquidaciones de posiciones largas en estas altcoins volátiles, y es una experiencia que no le deseo a nadie.

Las monedas de bombeo y descarga son notorias por sus movimientos de precios impredecibles y, a menudo, abruptos. Cuando termina la fase de bombeo, se hace evidente cuando comienza el vertido, y por lo general es doloroso ver cómo su inversión se desvanece en el aire.

En cualquier mercado, ya sea bajista o alcista, hay oportunidades que aprovechar. Durante un mercado bajista, la venta corta se convierte en una estrategia común, pero el momento es clave. Identificar los momentos correctos en el ciclo comercial puede conducir a operaciones cortas rentables.

Sin embargo, no puedo enfatizar lo suficiente la importancia de la precaución y la investigación exhaustiva cuando se trata de OPI, ofertas iniciales de monedas o nuevos tokens en el mercado. Muchos de estos pueden clasificarse como monedas de bombeo y descarga. Antes de colocar cualquier orden de mercado en tales monedas, es vital hacer preguntas críticas y realizar una investigación diligente. Se debe analizar quién inició el proyecto, el propósito detrás de él, su impacto en el ecosistema, su vida útil potencial, la competencia a la que se enfrenta, su capitalización de mercado y cualquier otro detalle relevante.

El tiempo lo es todo en el mercado de criptomonedas, y es crucial reconocer cuándo una caída de precios es solo una caída temporal o una inversión de tendencia significativa. En los mercados alcistas, la mejor estrategia es mantenerse alejado de la venta en corto por completo. La tendencia alcista establecida indica una fuerte tendencia alcista, y tratar de vender en corto durante esos momentos puede ser un movimiento arriesgado que puede conducir a pérdidas significativas.

En cambio, en un mercado alcista, la atención debería centrarse en las posiciones largas. Seguir las señales y las tendencias puede conducir a ganancias rentables. Es importante ser paciente y dejar que el mercado dicte su dirección. Vender en largo en una carrera alcista establecida es un enfoque más confiable para capitalizar el impulso alcista del mercado.

Por otro lado, en un mercado bajista, vender al descubierto puede ser una opción viable. Sin embargo, la precaución sigue siendo esencial. Uno debe ser diligente en la identificación del último nivel de soporte antes de realizar cualquier movimiento. Ir contra la corriente del mercado y tratar de superar a las ballenas y las instituciones puede resultar desastroso, lo que lleva a liquidaciones y pérdidas financieras significativas.

Cuando los precios caen más allá de las expectativas, es crucial saber cuándo dejar de promediar y reconocer cuándo es el momento de hacer una pausa. Perseguir pérdidas y verter continuamente dinero en una posición perdedora puede ser perjudicial para la situación financiera de uno. A veces, es mejor dar un paso atrás, reevaluar la situación y estar dispuesto a esperar mejores oportunidades.

De hecho, pueden llegar tiempos difíciles en el mercado de las criptomonedas, y la capacidad de HODL (Hold On for Dear Life) puede ser un activo poderoso. La paciencia y la disciplina son cualidades clave para los traders exitosos. Saber cuándo mantener sus inversiones, incluso durante tiempos turbulentos, puede generar mayores ganancias a largo plazo y evitar pérdidas adicionales.

Habrá momentos en el mercado de criptomonedas en los que deberá adoptar el arte de HODLing y ejercitar la paciencia. Puede ser necesario esperar días, semanas o incluso meses para que sus inversiones florezcan. Para mitigar el riesgo de liquidación, es fundamental contar con una cantidad suficiente de capital para respaldar sus posiciones apalancadas. Aprendí esto de la manera más difícil, pero me enseñó la importancia de tener suficiente capital para capear la tormenta y esperar a que mejoren las condiciones del mercado.

Establecer un límite en su capital comercial inicial y tener claros sus objetivos a largo plazo son aspectos esenciales para operar con éxito. Queremos que nuestro dinero trabaje para nosotros, no que se quede de brazos cruzados. Tener un plan de salida bien pensado para inversiones a largo plazo es crucial. Si bien nuestro objetivo es obtener ganancias significativas, también debemos estar preparados para las recesiones del mercado y estar dispuestos a esperar a que el mercado se recupere.

Tener múltiples gráficos en vivo abiertos es esencial para mantenerse al tanto de las tendencias y la dirección del mercado. El gráfico de minutos es ideal para el comercio intradía y el scalping, mientras que el gráfico de 15 minutos nos ayuda a analizar las tendencias a corto plazo. Además, necesitamos otro gráfico para observar las tendencias a largo plazo y la dirección general del mercado, que van desde un período de tiempo de 2 horas a velas de un dia. Esto nos ayuda a identificar los niveles de soporte y resistencia y obtener una visión integral del mercado.

Una conexión a Internet confiable es un salvavidas en el mercado de criptomonedas. Experimenté las consecuencias de los problemas de Internet, que me costaron alrededor de $6000 USD. Era una operación lógica que habría sido rentable, pero la repentina interrupción de Internet me impidió cerrar la posición. Tener múltiples gráficos en vivo requiere una conexión estable para actuar rápidamente y tomar decisiones bien informadas.

A pesar de los desafíos y contratiempos ocasionales, también puedo dar fe de las posibles recompensas en el mercado de criptomonedas. Con solo $300 USD como capital inicial, logré ganar más de $15,000 USD. Esto demuestra que son posibles ganancias significativas, especialmente al comienzo de un mercado alcista. Si yo puedo lograr tal éxito, tú también puedes.

Es crucial prestar mucha atención a los indicadores y tendencias del mercado. Cuando indique tendencia bajista, aproveche la oportunidad para vender en corto, y cuando indique tendencia alcista, continúe en largo. Sin embargo, es mejor evitar por completo las monedas de bombeo y descarga, o como algunos las llaman, "sh$% coins". Pueden ser tentadores debido a la exageración que los rodea, pero los riesgos son altos y, a menudo, conducen a pérdidas significativas. Si decide comprometerse con ellos, es esencial tener un plan de salida claro y no dejarse llevar por la codicia.

En ciertas situaciones, puede encontrarse con una posición sustancial en una moneda que comienza a caer constantemente. Promediar a la baja en ciertos puntos de precio puede parecer una buena idea, pero debe tener en cuenta cuándo reducir sus pérdidas. Si ve que la moneda es débil y su soporte se ha convertido en resistencia, es crucial ser proactivo y vender con una pequeña pérdida. Esperar a que se recupere por completo podría no ser el mejor curso de acción, ya que podría continuar disminuyendo y resultar en liquidación. Tomar una pequeña pérdida para proteger su capital y vivir otro día es un acierto.

He cometido el error de mantener posiciones, con la esperanza de una recuperación, sólo para ser liquidado al final. Es una lección que aprendí de la manera más difícil y espero sinceramente que aplique este conocimiento para evitar tales pérdidas. Saber cuándo reducir sus pérdidas es una habilidad vital para operar con éxito. Es mejor tomar una pequeña pérdida y tener la oportunidad de ingresar nuevamente a un precio más favorable que arriesgarse a ser liquidado.

Otra estrategia que puede emplear es vender solo la mitad

de su posición y asumir una pérdida menor si cree que la moneda puede recuperarse. De esta manera, conserva algo de capital y al mismo tiempo mitiga pérdidas potenciales. El tiempo es crucial, y ser capaz de tomar decisiones rápidas e informadas puede salvarlo de contratiempos significativos.

Evitar la liquidación siempre debe ser una prioridad. Su garantía actúa como un colchón, brindándole cierta protección contra los movimientos de precios adversos. Estar preparado para aceptar una pequeña pérdida para asegurar el potencial de ganancias significativas en el futuro es una mentalidad clave para una negociación exitosa. Siempre sea disciplinado y recuerde que preservar su capital es vital para el éxito a largo plazo en el mercado de criptomonedas.

Mantener un nivel de apalancamiento razonable es crucial para la gestión de riesgos en el mercado de criptomonedas. Si bien un mayor apalancamiento puede parecer tentador debido al potencial de mayores ganancias, también conlleva riesgos significativamente mayores. Operar con un apalancamiento de 10X proporciona un buen equilibrio entre los rendimientos potenciales y la exposición al riesgo. Le permite beneficiarse de los movimientos de precios sin dejar de tener un colchón suficiente para evitar la liquidación.

Para ilustrar esto aún más, consideremos un escenario en el que tiene $20,000 USD reservados para operar. En lugar de apostar todo su capital, es recomendable dejar $10,000 USD en una cuenta de ahorros flexible que genere intereses. De esta manera, tiene algunos fondos en una cuenta generadora de intereses de bajo riesgo mientras utiliza los $10,000 USD restantes para actividades comerciales. Este enfoque garantiza que no está poniendo todos los huevos en una sola canasta y proporciona una red de seguridad en caso de movimientos inesperados del mercado.

Al adoptar esta estrategia, puede proteger una parte de su capital y al mismo tiempo tener suficiente para participar activamente en el mercado. Es esencial lograr un equilibrio entre el riesgo y la recompensa en el mercado, y al diversificar sus fondos y utilizar un nivel de apalancamiento conservador, estará mejor posicionado para administrar pérdidas potenciales y maximizar sus ganancias.

Aquí hay un ejemplo de cómo podría verse su asignación de capital:

- Cuenta de Ahorro Flexible: $10,000 USD (Genera interés, bajo riesgo)

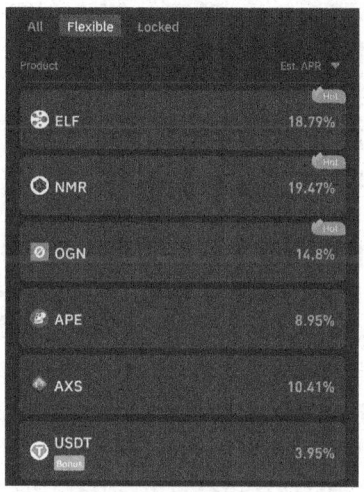

FIGURA 8.4 Cuenta de ahorro flexible de Binance.

- Cuenta trading: $ 10,000 USD (utilizado para actividades trading, riesgo moderado)

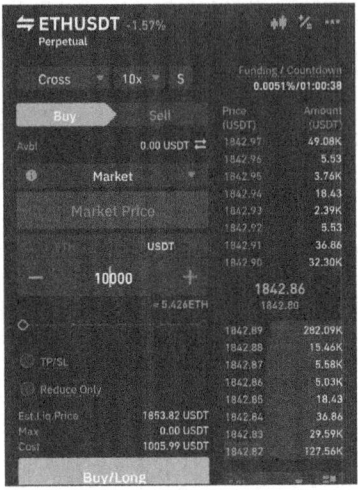

FIGURA 8.5 Binance Futures Eth.

De esta manera, puede operar activamente con confianza, sabiendo que tiene una red de seguridad a la que recurrir si el mercado no se mueve a su favor. Ser cauteloso y disciplinado en su enfoque comercial es vital para el éxito a largo plazo y la estabilidad financiera en el mundo dinámico y, a veces, volátil del mercado de criptomonedas.

El empleo de estrategias de apalancamiento inteligente puede mejorar significativamente su rendimiento como trader y minimizar la exposición al riesgo. Una vez que haya apartado $10,000 USD en una cuenta de ahorros flexible, puede transferir los $10,000 USD restantes a su cuenta de futuros. En su cuenta de futuros, es aconsejable utilizar el modo de margen "Cruz" para una o dos posiciones, ya que permite un uso más eficiente de su capital.

Para maximizar el potencial de su capital de $10,000 USD, puede comenzar usando solo el 10% para una sola posición. Esto significa arriesgar $1,000 USD con el poder de $10,000 USD, gracias al apalancamiento 10X. Al hacerlo, crea un colchón fuerte para resistir cualquier recesión repentina del mercado.

Consideremos un escenario en el que el precio cayó y su análisis indica un nuevo punto de compra. Ha alcanzado un nuevo nivel de soporte, lo que indica una oportunidad para promediar y tener una posible recuperación más rápida. En esta etapa, desea ser cauteloso pero confiado. Puede agregar $500 USD más a su posición, que se convertirán efectivamente en $5,000 USD con un apalancamiento de 10X. Este es un enfoque conservador que le asegura que aún le quedan $8,500 USD para aprovechar nuevas oportunidades o protegerse contra movimientos desfavorables del mercado.

Si el precio de la criptomoneda que está negociando cae aún más, lo que indica un nuevo mínimo para el mes, podría ser un momento adecuado para agregar otros $500 USD a su posición de apalancamiento, que efectivamente se convertirán en otros $5,000 USD con un apalancamiento de 10X. Ahora, tiene $2,000 USD de su dinero en el mercado, lo que suma $20,000 USD en poder comercial con un mejor precio de entrada. Todavía tiene $8,000 USD en sus fondos restantes, tiene un colchón sólido para soportar posibles fluctuaciones del mercado y, en el peor de los casos, tiene otros $10,000 USD en su cuenta Earn.

Recuerde, la clave para operar con éxito es la disciplina y la paciencia. Evite ser demasiado codicioso y apalancarse demasiado, ya que puede exponerlo a riesgos significativos. El conocimiento, la investigación y la vigilancia son tus grandes aliados. Sea inteligente, manténgase informado y nunca arriesgue todo su capital en estas empresas de alto riesgo. El mercado puede ser implacable, pero con la estrategia y la mentalidad adecuadas, puede navegar por aguas traicioneras y salir victorioso.

Con el conocimiento y las ideas obtenidas de este libro, junto con su dedicación y toma de decisiones prudente, está bien equipado para conquistar el mundo trading criptomonedas con apalancamiento. Ahora sigamos con la regla 20/80.

REGLA 20/80

Mi secreto del éxito.

Si bien es emocionante experimentar ganancias constantes y ser testigo de ganancias sustanciales en el mercado de criptomonedas, es crucial no dejar que la codicia nuble nuestro juicio. La disciplina es clave cuando se trata de tomar ganancias. Por muy tentador que sea reinvertir todas sus ganancias para capitalizar la capitalización, es prudente tener cuidado y retirar una parte de sus ganancias en ciertos intervalos.

Cuando obtenga una ganancia atractiva, considere sacar algo de dinero y diversificar su cartera. En lugar de gastar el dinero de inmediato, puede asignarlo a otros activos como oro, plata o monedas estables que ofrecen oportunidades de participación. Al hacerlo, crea una red de seguridad en caso de que el mercado enfrente una recesión o un colapso severo. Tener fondos adicionales le permitirá aprovechar las oportunidades de negociación y promediar estratégicamente sus posiciones cuando el mercado comience a recuperarse.

Administrar su trading de manera efectiva es crucial para el éxito a largo plazo. Un método que he desarrollado personalmente y que encontré rentable es la Regla 20/80 para garantizar que tenga suficiente capital para soportar posibles recesiones. Además, apegarse a las monedas de mayor capitalización de mercado con casos de uso establecidos puede ofrecer más estabilidad y mayores posibilidades de éxito a largo plazo.

Es esencial mantenerse informado y continuar investigando el mercado y varias criptomonedas para tomar decisiones informadas. No importa cuán rentable pueda parecer la situación actual, siempre esté preparado para posibles cambios en el mercado y tenga un plan bien pensado, como establecer la regla 20/80.

La Regla 20/80 es una excelente estrategia para maximizar sus ganancias mientras le asegura un colchón financiero seguro. Sigamos explorando esta regla con más ejemplos:

- En la primera semana, logró lograr un rendimiento impresionante del 50 % sobre sus $10,000 USD iniciales, lo que elevó su capital total a $15,000 USD. Siguiendo la Regla 20/80, retira el 80% de la ganancia de $5,000 USD, lo que equivale a $4,000 USD. Este dinero se transferirá a su cuenta de intercambio local y se mantendrá en monedas estables o en una billetera de hardware segura para fines de retención a largo plazo y de emergencia. El 20% restante, que son $1000 USD, se suma a los $10,000 USD originales, lo que da como resultado un total de $11,000 USD como capital inicial para la nueva semana.
- En la semana dos, a pesar de los rendimientos ligeramente

inferiores del 20%, obtuvo una ganancia de $2,200 USD. Nuevamente, retira el 80% de esta ganancia, que es de $1,760 USD, y la coloca en su tenencia a largo plazo. El 20% restante, que es de $440 USD, se agrega a su cuenta comercial, lo que hace un total de $11,440 USD.

- Ahora, aquí viene la mejor semana de todas, ¡la semana tres! Obtuvo un notable rendimiento del 120% sobre su capital, lo que resultó en una ganancia de $13,728 USD. Siguiendo la Regla 20/80, retiras el 80% de esta ganancia, que asciende a $10,982 USD. Esta cantidad significativa se coloca en su tenencia a largo plazo, que ahora asciende a la impresionante cantidad de $17,182 USD.

Al adherirse a la Regla 20/80, está aumentando constantemente su capital a largo plazo mientras continúa aumentando su cuenta comercial. En este punto, ha aumentado significativamente su capital comercial y tiene la opción de recuperar su inversión inicial de $10,000 USD si lo desea. Esto significa que podría continuar operando con las ganancias que ha generado, eliminando el riesgo de usar el dinero que tanto le costó ganar y comerciando únicamente con el capital que ha creado.

Sin embargo, es fundamental abordar las operaciones con precaución y nunca invertir dinero que no pueda permitirse perder. Si está utilizando capital prestado o fondos destinados a gastos esenciales, es recomendable pagar esas obligaciones de inmediato. Solo invierta dinero con el que se sienta cómodo y siempre esté preparado para posibles caídas o fluctuaciones del mercado.

La regla 20/80 le permite mantener un equilibrio saludable entre las ganancias a corto plazo y la seguridad a largo plazo. Es un enfoque estratégico no solo para generar riqueza sino también para protegerla. A medida que continúe adhiriéndose a esta regla y tome decisiones de inversión acertadas, se encontrará en una mejor posición para capitalizar diversas oportunidades y navegar por el volátil pero gratificante mundo del mercado de criptomonedas.

En el volátil mundo de cripto, es crucial mantener un enfoque disciplinado, especialmente después de experimentar una semana exitosa. Si bien el mercado puede estar en una tendencia alcista, la historia ha demostrado que los retrocesos y las correcciones son inevitables. Es esencial mantenerse cauteloso y no confiarse demasiado en medio de una carrera alcista.

Si ha tenido una semana rentable, también es recomendable tomarse un tiempo fuera del mercado para trabajar en otros proyectos o relajarse. Retroceder unos días te permite ganar perspectiva y evitar tomar decisiones impulsivas. Un período de corrección o retroceso en el mercado puede crear mejores puntos de entrada para operaciones futuras.

En el mercado de las criptomonedas abundan las incertidumbres. Los desastres naturales, los eventos geopolíticos o incluso los problemas tecnológicos imprevistos pueden afectar la estabilidad del mercado y crear pánico entre los comerciantes. Por eso es aconsejable no empezar a operar con más del 20 % de su capital en su cuenta de operaciones. Al hacerlo, mantiene una red de seguridad para circunstancias imprevistas que podrían conducir a caídas significativas del mercado.

- Estamos en la semana 4 y, en este escenario, nos encontramos en una situación desafiante debido al colapso repentino del mercado. Tenía una posición apalancada en 1 Bitcoin a $30,000 USD y, en cuestión de minutos, se desplomó a $25,000 USD, dejándolo $5,000 USD abajo. Se produce el pánico y muchos comerciantes están vendiendo sus posiciones con pérdidas. Sin embargo, después de analizar cuidadosamente los gráficos, nota que Bitcoin ha encontrado soporte en $25,000 USD.

Para evitar la liquidación, decide tomar un préstamo de su cuenta hodl a largo plazo y comprar otro Bitcoin a $27,500 USD, agregando $10,000 USD a su cuenta de futuros. Ahora, con 2 Bitcoins en el mercado apalancados, espera que el precio suba a por lo menos $28,000 USD. Desafortunadamente, el precio solo alcanza los $27,000 USD y sigue cayendo hasta los $23,000 USD, lo que hace que bajes $11,000 USD, con el precio de liquidación peligrosamente cerca de los $18,800 USD.

En esta situación crítica, toma medidas para asegurar su capital. Creyendo que el mercado ha tocado fondo, decide comprar 2 Bitcoins más a $23,000 USD, estableciendo un nuevo punto de entrada de $24,750 USD. Para evitar la liquidación, toma fondos de su cuenta hodl a largo plazo, ajusta su precio de liquidación, aumenta su colchón y se da más tiempo para capear la tormenta. Al comprender las tendencias históricas, anticipa un fuerte repunte del 10% al 15% después de una caída tan significativa.

Consulte la ilustración a continuación, donde puede apreciar la fluctuación del precio de Bitcoin entre un 10% y un 15%:

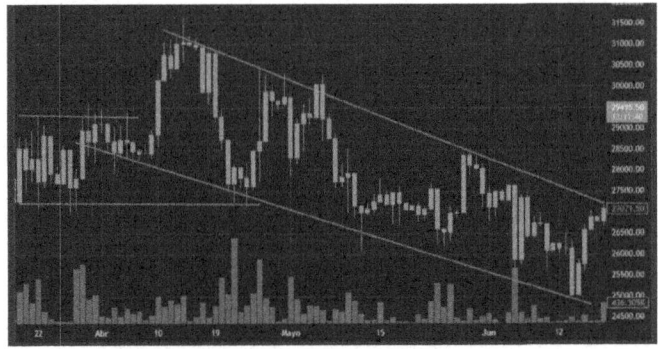

FIGURA 9.1 TradingView Bitcoin.

En este punto, queda claro que promediar hacia abajo puede no ser la mejor opción. En su lugar, agrega más fondos para evitar la liquidación y establece una orden de venta límite de alrededor de $24,000 USD para salvaguardar su capital. Otra estrategia podría ser establecer solo una orden de límite en 3 de sus 4 Bitcoins, lo que le permite asegurar su inversión mientras aún tiene 1 Bitcoin en el mercado, lo que le brinda flexibilidad para futuras oportunidades.

Como se demuestra en los ejemplos, puede haber días en que el mercado dé un giro inesperado y su posición apalancada esté en riesgo de ser liquidada. Las mechas profundas y los movimientos repentinos de precios pueden amenazar incluso las operaciones mejor pensadas. Por eso es vital seguir principios estrictos de gestión de riesgos, como no usar un apalancamiento de más de 10X y tener fondos disponibles para proteger sus inversiones.

Este escenario es un testimonio de la importancia de la gestión de riesgos y de tener una cuenta hodl a largo plazo en la que confiar en tiempos de recesión del mercado. Operar en el mercado de criptomonedas puede ser muy gratificante, pero también conlleva una buena cantidad de riesgos. Al seguir un enfoque disciplinado, aprovechar sus fondos de manera sensata y tener una estrategia sólida a largo plazo, puede navegar a través de la volatilidad y aprovechar las oportunidades para realizar operaciones rentables.

Estos tiempos turbulentos exigen un estado de alerta y un enfoque prudente para el trader. El mercado de las criptomonedas puede verse influenciado por varios factores que pueden amenazar a todo el ecosistema, por lo que es crucial considerar tanto el análisis técnico como el fundamental. Después de experimentar una semana altamente rentable, es aconsejable dar un paso atrás y esperar posibles tendencias bajistas. La paciencia es una virtud en trading, y estar demasiado ansioso por ingresar al mercado puede generar riesgos innecesarios y pérdidas potenciales.

Comprender los riesgos y las incertidumbres del mercado es esencial para operar con éxito. Cada año, habrá días en los que el mercado experimente recesiones significativas, lo que tomará por sorpresa a muchos traders. Si es paciente y puede esperar a tocar fondo, puede capitalizar el rebote y obtener ganancias sustanciales. Sin embargo, si continúa promediando a la baja durante estas recesiones, corre el riesgo de perderlo todo. He experimentado esto de primera mano en diferentes mercados como metales preciosos en 2010 y criptomonedas en 2018 y 2020, y me llevó a perder casi todo y comenzar de cero.

Por eso estoy escribiendo este libro, para compartir mis conocimientos y experiencias para que no tengas que sufrir las mismas pérdidas. La diversificación de sus participaciones a largo plazo es crucial para proteger su patrimonio. Invierte en activos como oro, plata, antigüedades, coleccionables, artículos de lujo, bienes raíces y otros activos tangibles.

Para detectar oportunidades, debe ser paciente, preciso y atento. Cuando observe una caída significativa en los precios, digamos alrededor del 5-20%, preste mucha atención, ya que es probable que rebote con fuerza. El análisis de volumen es crucial en tales situaciones. Determine el nuevo nivel de soporte y el apalancamiento o el margen de intercambio, pero siempre asegúrese de tener suficiente capital para proteger sus posiciones.

Nuestro enfoque para hacer trading se basa en una combinación de análisis técnico (80%) y análisis de información (20%). Mantenemos abiertos Twitter y las principales fuentes de noticias cripto y comparamos precios de múltiples Exchanges. Manteniéndonos informados y tomando decisiones sólidas, nuestro objetivo es ayudarlo a lograr ganancias diarias conservadoras de 0.5 - 5%. Por supuesto, puede establecer metas más ambiciosas del 5 al 20 % por día, pero tenga en cuenta que conlleva mayores riesgos. Recomiendo un enfoque conservador, centrándose en ganancias diarias de 0.5-2% siguiendo la regla 20/80, lo que aumenta su probabilidad de éxito.

LA VIDA DE UN CRIPTO TRADER

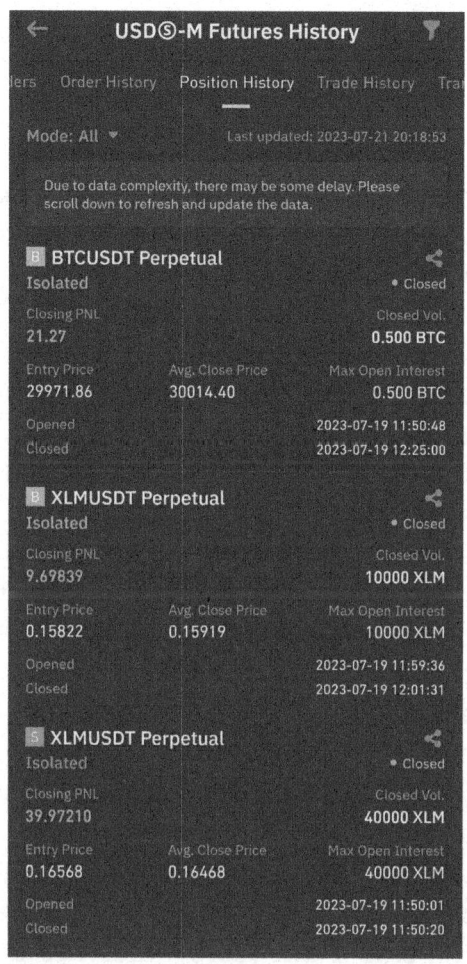

FIGURA 9.2 Binance Múltiples transacciones pequeñas.

La clave para el éxito en daytrading es hacer múltiples operaciones pequeñas y en saber cuándo alejarse del mercado. Como puede ver en la ilustración, se ejecutaron tres transacciones por un total de $70.86 USD. Digamos que si te enfocas en ganar solo un promedio de $100 USD al día con cinco operaciones sólidas, puedes ganar $3,000 USD al mes.

La regla 20/80 no significa que siempre debas tener tu 20% en el mercado. Es crucial ser paciente y esperar a que se establezca un determinado nivel de soporte antes de ingresar al mercado. Muchos traders pierden dinero porque están constantemente en el mercado, buscando ganancias cada minuto del día. Sin embargo, las ganancias no se pueden garantizar diariamente, y ser demasiado activo en el mercado puede conducir a decisiones y liquidaciones imprudentes.

Un error que he notado es dejar posiciones durante la noche sin configurar alarmas o posiciones de stop-loss. Es una apuesta esperar ganancias cuando se despierta y, en muchos casos, puede resultar en pérdidas de capital significativas. Ser un trader inteligente significa esperar correcciones o indicaciones de una tendencia alcista antes de ingresar al mercado. La paciencia y la disciplina son rasgos esenciales de los inversores exitosos. No están en el mercado 24/7; en cambio, esperan que surjan las oportunidades adecuadas.

Abandonar el mercado después de obtener una ganancia atractiva puede ser un desafío, pero es esencial para el éxito a largo plazo. Está bien perder ganancias potenciales si eso significa evitar pérdidas potenciales durante los colapsos del mercado. Estar en el mercado todo el tiempo puede ser tentador, pero conlleva riesgos. He aprendido esto por experiencia personal, estando en el mercado cada minuto del día y sufriendo las consecuencias cuando ocurre una crisis.

Saber cuándo alejarse, relajarse y disfrutar de su día es crucial para mantener una mentalidad clara y enfocada. Al hacerlo, puede esperar a que las condiciones del mercado sean favorables y tomar decisiones como un trader astuto, informado. Recuerde, los traders inteligentes saben cuándo tomar pequeñas pérdidas para evitar pérdidas significativas y cuándo esperar a que se les presenten las oportunidades adecuadas. Sea paciente, sea disciplinado, manténgase conservador, diversifique sus participaciones y analice cuidadosamente el mercado, para que pueda posicionarse para el éxito a largo plazo.

ESTABILIDAD EMOCIONAL Y MIEDO A PERDERSE ALGO (FOMO)

Superando el miedo y la codicia.

FIGURA 10.1 Imagen de mi primera NFT
con la ayuda de estudiantes.
Representa el mundo criptográfico, la educación
y la estabilidad emocional.

Las emociones pueden ser el peor enemigo de un trader. El miedo y la codicia no tienen cabida en el mundo cripto. Es esencial mantener una mentalidad clara y racional para operar como un profesional. Cuando se enfrenta a una fuerte caída en el mercado, es fundamental no entrar en pánico ni dejar que las emociones tomen el control. Da un paso atrás, deja que el mercado se estabilice y analiza la situación de manera objetiva. A veces, estas caídas son solo fluctuaciones del mercado y el precio se recuperará lo suficientemente pronto. Mantener la calma y la paciencia es clave.

Una vez que el mercado se haya asentado, considere cuidadosamente sus opciones. Puede esperar a que el mercado se recupere, usar el apalancamiento para aumentar su posición o, en casos excepcionales, asumir una pequeña pérdida si la investigación indica una probable tendencia a la baja. Ser un trader exitoso significa evaluar todas las posibilidades y tomar decisiones bien informadas. Es esencial permanecer insensible y no apegarse a ninguna moneda o activo en particular, independientemente de cuánto haya creído en él en el pasado. Las emociones pueden nublar el juicio, lo que lleva a errores costosos.

La estabilidad emocional es crucial en daytrading. No debe dejar que el miedo lo controle durante las grandes caídas, ni debe dejarse llevar por las ganancias y tomar decisiones impulsivas. Celebrar pequeñas victorias de forma prematura puede hacer que se pierdan oportunidades de obtener mayores ganancias. Como trader, debe ser disciplinado y concentrarse en los objetivos a largo plazo.

La experiencia de un trader y el pensamiento crítico son herramientas esenciales para sacar conclusiones lógicas y aceptar todos los resultados. El mercado de las criptomonedas puede ser muy volátil y requiere un enfoque insensible para navegar con éxito por sus altibajos. Acepte el hecho de que tanto las ganancias como las pérdidas son parte del juego y, al permanecer emocionalmente distante, puede tomar mejores decisiones y mejorar su rendimiento comercial general.

Habrá ocasiones en las que será necesario asumir una pérdida. No es una decisión fácil de tomar, y puedo dar fe de ello, habiendo sufrido numerosas pérdidas a lo largo de mi carrera como trader. Algunas oportunidades pueden parecer demasiado tentadoras con el potencial de grandes ganancias, pero también conllevan riesgos significativos. La clave es saber cuándo es mejor reducir las pérdidas y reagruparse.

En el mundo comercial, hay situaciones en las que se debe tomar riesgos calculados. Es posible que tenga la oportunidad de ganar diez veces su inversión inicial, pero también existe la posibilidad real de perder una cantidad sustancial. Es crucial evaluar la relación riesgo-recompensa y estar dispuesto a asumir una pérdida si la operación no sale según lo planeado. Saber cuándo dar un paso atrás y preservar su capital es una habilidad esencial.

He visto a muchos traders caer en la trampa de obtener grandes ganancias de la noche a la mañana y volverse demasiado confiados. Retiran dinero, gastan sus ganancias en vacaciones extravagantes o gastos innecesarios, y terminan con poco o ningún dinero para seguir operando. Luego se encuentran en situaciones desesperadas, incapaces de soportar ninguna caída y, finalmente, son liquidados.

Es vital resistir la tentación de obtener ganancias demasiado pronto en su viaje como trader. Al principio, concéntrese en usar su capital inicial de manera inteligente, continúe capitalizando las oportunidades y aumente sus ganancias. Una vez que haya acumulado suficiente capital para sacar su inversión inicial y todavía tenga un colchón suficiente, sabrá que está en el camino correcto. La estabilidad emocional dentro del trading es primordial para tomar decisiones acertadas y lograr el éxito a largo plazo. Le permite mantenerse enfocado, apegarse a sus estrategias y evitar hacer movimientos impulsivos que podrían conducir a pérdidas.

Como trader, aprender a manejar las emociones es un proceso continuo. Se necesita tiempo y experiencia para desarrollar la estabilidad emocional, pero es una habilidad que vale la pena dominar. Recuerde que el mercado siempre tendrá altibajos, y ser emocionalmente resistente lo ayudará a capear las tormentas y salir fortalecido del otro lado. Sea paciente, disciplinado y centrado en sus objetivos a largo plazo, y estará bien equipado para navegar por las aguas volátiles del mercado de criptomonedas.

Debemos evitar ser imprudentes y dejar que las emociones personales nublen nuestro juicio en el mercado. Es fácil caer en la trampa de albergar sentimientos negativos hacia una moneda u organización en particular debido a pérdidas o desacuerdos pasados. Sin embargo, permitir que esas emociones dicten nuestras acciones en el mercado puede ser perjudicial para nuestro éxito.

Perseguir pérdidas y tratar de compensar los errores del pasado en una moneda específica es un enfoque peligroso. Conduce a operaciones impulsivas y arriesgadas, a menudo impulsadas por la frustración y el deseo de venganza. En cambio, debemos aprender a aceptar las pérdidas como parte del camino del trader y seguir adelante para buscar nuevas oportunidades. Como mencioné, hay cientos de criptomonedas listadas en los Exchanges, y es esencial mantener nuestro enfoque en todo el mercado y no obsesionarnos con una sola moneda.

Puedo relacionarme con la lucha de tratar de recuperar pérdidas y hacer operaciones arriesgadas en la búsqueda de la redención. Es un camino que solo conduce a más pérdidas y decepciones. Su experiencia sirve como una lección valiosa para todos los traders, y es precisamente por eso que escribió este libro: ayudar a otros a evitar los mismos errores y lograr el éxito en el trading.

La diversificación es clave para gestionar el riesgo y mantenerse resistente frente a la volatilidad del mercado. Al distribuir nuestras inversiones en diferentes monedas, reducimos el impacto del rendimiento de una sola moneda en nuestra cartera general. De esta manera, estamos mejor equipados para capear las recesiones y capitalizar las oportunidades a medida que surjan.

Debemos mantener una actitud positiva y decidida en el mercado. Los errores ocurren, pero lo que nos define como traders es nuestra capacidad para aprender de esos errores, crecer y adaptar nuestras estrategias. Nunca debemos permitir que la duda obstaculice nuestro progreso. En cambio, debemos permanecer enfocados, confiados y comprometidos a mejorar nuestras habilidades y tomar decisiones informadas en el mercado.

La estabilidad emocional y una mentalidad resistente son cualidades esenciales para los traders exitosos. Sus experiencias y puntos de vista sirven como valiosos recordatorios para mantenerse disciplinado, diversificado y enfocado en el éxito a largo plazo. Con el enfoque correcto, podemos superar los desafíos, recuperarnos de las pérdidas y construir una estrategia rentable.

Trading en distintos mercados es un camino lleno de valiosas lecciones aprendidas a través de experiencias de primera mano. Durante mis 20 años en el mercado, enfrenté numerosos desafíos, cometí errores y encontré obstáculos emocionales que pusieron a prueba mi determinación. Desde pérdidas hasta operaciones riesgosas, apegos emocionales a inversiones dañinas y descuido de mis principios y fundamentos, he tenido una buena cantidad de lecciones ganadas con esfuerzo.

Sin embargo, me he dado cuenta de que debes dejar de lado tus emociones y mantener una mentalidad clara y enfocada. Al hacerlo, pude identificar y abordar mis debilidades, tomando el control total de mis acciones y decisiones. Esta transformación exigió dedicación, concentración inquebrantable y mantenerse informado las 24 horas del día. Seguir mis propias reglas y adherirse a un enfoque disciplinado fueron factores cruciales que eventualmente me llevaron al éxito y a la libertad financiera que buscaba.

Un aspecto crucial para mantener una mentalidad saludable en el mercado es evitar la trampa del "miedo a perderse algo" (FOMO). Esta tendencia común entre los traders puede ser perjudicial si no se maneja con precaución. Actuar basándose únicamente en rumores o en el temor de perderse posibles picos de precios puede conducir a decisiones impulsivas y desinformadas, que a menudo resultan en pérdidas sustanciales.

Para contrarrestar los efectos de FOMO, recomiendo realizar una investigación exhaustiva y confiar en fuentes confiables antes de ingresar a cualquier mercado. Verificar información, buscar fuentes sólidas y confirmar asociaciones o anuncios son pasos esenciales para tomar decisiones informadas. Es crucial no caer presa de la multitud de FOMO y, en cambio, confiar en la diligencia y la razón al posicionarse para los eventos esperados.

Al lidiar con situaciones de FOMO, es importante actuar con moderación y evitar comprometer más del 5% de su capital en tales operaciones. Este enfoque cauteloso le permite mitigar los riesgos potenciales mientras mantiene una cartera diversificada y bien equilibrada.

Al adoptar una mentalidad disciplinada, realizar una investigación diligente y desconfiar de FOMO, puede navegar las complejidades del mercado con confianza y asegurarse de que su trading esté marcado por el éxito y la prosperidad financiera. Recuerde, en el mercado, la estabilidad emocional y un enfoque racional son sus mejores aliados en el camino hacia el logro.

En mercados volátiles, como durante el trading de Scalping, el uso de órdenes Stop Loss a veces puede ser contraproducente. Las rápidas fluctuaciones pueden desencadenar pérdidas innecesarias cuando el precio toca brevemente el nivel de Stop Loss, sólo para recuperarse inmediatamente después. Para evitar tales escenarios, prefiero no usar órdenes Stop Loss en estas situaciones. Sin embargo, para aquellos que buscan un enfoque más conservador, es esencial establecer niveles de Stop Loss por debajo del soporte más bajo para protegerse contra la posibilidad de un colapso del mercado y pérdidas significativas. Y cuando experimente un aumento considerable en el precio, pero crea que existe un mayor potencial alcista, un Trailing Stop le asegura una ganancia sin importar lo que suceda.

Entiendo que experimentar una recesión del mercado puede ser desalentador y puede afectar la autoestima comercial de uno. Las liquidaciones son particularmente dolorosas y pueden generar sentimientos de desánimo e incluso depresión. Sin embargo, es crucial ser mentalmente resiliente y ver las pérdidas como oportunidades de crecimiento y aprendizaje. Muchos empresarios exitosos, incluyéndome a mí, han enfrentado fracasos y reveses, pero continuaron perseverando y finalmente alcanzaron el éxito.

Si no se siente cómodo arriesgando su capital en el mercado de criptomonedas altamente volátil, Spot Trading puede ser una opción más adecuada. Puede llevar más tiempo acumular riqueza en comparación con el mercado de futuros, pero aun así puede conducir al crecimiento financiero con el tiempo. La paciencia y la disciplina son clave, y aunque es posible que no se vuelva rico en unos pocos meses, con la estrategia y la dedicación correctas, puede lograr sus objetivos financieros, especialmente durante las primeras etapas de un mercado alcista.

El trader exitoso en el mercado de criptomonedas requiere no solo una estrategia sólida, sino también una mentalidad fuerte y resiliencia mental. Emociones como la codicia y la impulsividad pueden nublar nuestro juicio y dar lugar a riesgos y pérdidas innecesarias. Es crucial mantenerse disciplinado y apegarse a nuestros principios como trader, evitando decisiones impulsivas que podrían conducir potencialmente a la liquidación.

El miedo a ser liquidado es una preocupación muy real para los traders, especialmente en tiempos de extrema volatilidad del mercado. Sin embargo, en lugar de sucumbir al pánico, es esencial mantener la calma y la compostura. Confiar en nuestro análisis y tener fe en nuestras estrategias puede ayudarnos a navegar a través de condiciones de mercado turbulentas.

La volatilidad del mercado es un factor constante en el mundo de las criptomonedas y puede ser tanto emocionante como desafiante. Es importante tener en mente nuestros objetivos a largo plazo y no dejar que las fluctuaciones a corto plazo nos desvíen de nuestros objetivos como trader. Al mantener un enfoque claro en nuestra estrategia y permanecer fieles a nuestros principios de gestión de riesgos, podemos capear las tormentas y aprovechar las inmensas posibilidades que ofrece este mercado versátil.

En mi propia experiencia, he sido testigo del poder de la estabilidad emocional en el trading. Si bien es natural sentir una mezcla de emociones cuando se trata de cambios significativos en el mercado, es fundamental mantener un enfoque tranquilo y racional. He aprendido que el miedo y la codicia son los principales culpables de muchos errores comerciales. Al ser conscientes de estas emociones y manejarlas activamente, podemos tomar decisiones más racionales que se alineen con nuestros objetivos en trading.

El costo emocional de daytrading es algo que he experimentado de primera mano y ha tenido un impacto significativo en mis relaciones personales. He enfrentado la pérdida de dos hogares y la partida de seres queridos que no pudieron resistir la dedicación que tenía hacia mis actividades comerciales. Es crucial encontrar un equilibrio si quieres mantener relaciones saludables en tu vida.

Scalping trading, en particular, exige un nivel intenso de enfoque y dedicación, lo que puede ser un desafío para administrar junto con una asociación comprometida. Si está en una relación, puede ser conveniente explorar otras estrategias de inversión en cripto que consuman menos tiempo, como el intercambio de transacciones o las inversiones a más largo plazo. Sin embargo, incluso con estas estrategias, es esencial establecer límites claros y no dejar que el trading y la búsqueda del dinero consuma toda su vida.

Debes ser honesto contigo mismo y con tus seres queridos acerca de las consecuencias emocionales del daytrading. Ganar dinero es innegablemente atractivo, pero no a costa de perder a las personas que más te importan. Considere el impacto de sus actividades en el mercado y analice sus relaciones y bienestar personal, y asegúrese de encontrar un equilibrio que le permita perseguir sus pasiones mientras aprecia y nutre las conexiones que realmente importan.

En conclusión, lograr el éxito en el trading de criptomonedas va más allá del análisis técnico y el conocimiento del mercado. Se trata de cultivar la inteligencia emocional, la paciencia y la disciplina. Al dominar nuestras emociones y mantener una mentalidad fuerte, podemos mejorar nuestro desempeño en el mercado y aumentar nuestras posibilidades de éxito a largo plazo en este mercado dinámico.

CONVIÉRTETE EN TU PROPIO GURÚ, MASTER TRADER

Secretos sobre cómo tener éxito más allá del Day Trading

FIGURA 11.1 Trading desde la oficina en casa en Gdl. 2011.

Desde mis primeros años como trader, siempre he sido humilde acerca de mi experiencia en este mercado dinámico. A pesar de mi amplia experiencia y el tiempo que pasé trading, nunca me consideré un experto, y todavía mantengo esa perspectiva hoy. El trading es un proceso de aprendizaje continuo, y siempre hay espacio para el crecimiento y la mejora. Ahora me dedico más a la asesoría, apoyar a la comunidad y trabajar en proyectos de Blockchain como lo es la Tokenicacion de Bienes Raices con mexicohomerealty.com y servicios de Blockchain con richrosscapital.com. Sigo trading y ayudando a traders a encontrar sus objetivos y lograr el éxito en este emocionante campo, pero mi tiempo ya es apoyar a la comunidad.

A través de este libro, espero haberle brindado valiosas ideas y conocimientos sobre cómo ganar dinero en el mercado de criptomonedas. Mis experiencias y errores han dado forma a mi enfoque, y creo que al aprender de ellos, puede diferenciarse de otros traders. Seguir la regla 20/80 puede ser una estrategia poderosa para navegar por los mercados y asegurar su éxito a largo plazo.

El mercado de derivados ofrece inmensas oportunidades para el crecimiento financiero y, con el enfoque y la mentalidad correctos, puede lograr resultados extraordinarios. Tienes el potencial para volverte financieramente próspero y ver más riqueza que en muchas otras profesiones. Sin embargo, también lo animó a considerar sus objetivos a largo plazo más allá del mercado. Es esencial diversificar su riqueza y usar sus ganancias sabiamente, ya sea invirtiendo en bienes raíces, iniciando un negocio o estableciendo una fundación. Si está interesado en diversificar en bienes raíces, en mexicohomerealty.com le encontraremos la mejor propiedad para generar ingresos cada mes y lo ayudaremos durante todo el proceso.

Siga sus sueños y pasiones, y utilice la información que aprendió en este libro como un medio para cumplir sus aspiraciones. Cuida a tu familia y seres queridos, y saca lo mejor de cada resultado. Recuerde que el éxito en el mercado no se trata solo de acumular riqueza, sino también de lograr la realización personal y contribuir positivamente a su comunidad y al mundo que lo rodea. Siga su instinto y no confíe a menos que se demuestre que es digno de confianza.

De hecho, el espacio de las criptomonedas se encuentra en sus primeras etapas, y las oportunidades para ganar dinero en este ecosistema seguirán creciendo con cada año que pase. La tecnología Blockchain es innegablemente el futuro, y participar en este campo transformador es crucial. Sin embargo, es fundamental abordarlo con cautela y una estrategia bien pensada.

La diversificación es vital en cualquier viaje de inversión. Planifique sabiamente su estrategia de salida, para que eventualmente pueda llegar a un punto en el que pueda vivir de sus ganancias sin estrés ni preocupaciones. Es crucial asegurar su futuro financiero invirtiendo en oportunidades libres de riesgo una vez que haya acumulado riqueza. Evite la trampa de volverse demasiado codicioso y hacer trading incesantemente sin interrupciones. Como he aprendido de mis propias experiencias, el éxito en el mercado viene con saber cuándo dar un paso atrás y preservar su capital.

En el mundo de las criptomonedas, innumerables expertos y gurús autoproclamados están ofreciendo sus canales, cursos y materiales por un precio. Es importante no caer en sus tentadoras promesas y reclamos extravagantes. La realidad es que la gran mayoría de estos supuestos expertos no son auténticos y no pueden garantizar el éxito. Evite pagar sus membresías, boletines o mercadería. Todo lo que necesita es el conocimiento y las ideas compartidas en este libro para encaminarse hacia el éxito.

Nunca dejes que nadie te menosprecie o te haga sentir inferior. Tienes el potencial para crear tus estrategias únicas y ganar dinero en el mercado. No sigas ciegamente a las masas; cuando todos van en una dirección, considera ir en la dirección opuesta. No se deje llevar por el encanto de las sociedades secretas o los grupos de élite; el verdadero éxito radica en su capacidad para pensar de forma independiente y tomar decisiones informadas por su cuenta.

Cuando comience a operar, es aconsejable no divulgar su nueva empresa a otros hasta que haya probado el éxito. Compartir sus aspiraciones prematuramente puede generar malentendidos e incluso el ridículo por parte de aquellos que no entienden el mundo del trading. En cambio, concéntrese en su camino, trabajé duro y deje que sus resultados hablen por sí mismos. Cuando haya logrado ganancias significativas, naturalmente sentirán curiosidad, y entonces podrá compartir su historia de éxito.

Para convertirse en Master Trader y adquirir más conocimientos, es crucial continuar aprendiendo y mantenerse actualizado con las últimas tendencias y desarrollos en el mundo de Blockchain. Leer libros, asistir a talleres y seguir fuentes de noticias financieras acreditadas puede proporcionar información valiosa. Participar en comunidades y foros en línea con comerciantes experimentados también puede ofrecer estrategias y consejos prácticos.

Para preservar el dinero ganado con daytrading, considere invertir en activos estables y libres de riesgo, como bienes raíces, bonos o metales preciosos. Crear una cartera de inversiones bien equilibrada que se alinee con sus objetivos a largo plazo puede proteger su patrimonio de las fluctuaciones del mercado y las incertidumbres económicas. Recomiendo diversificar en Bienes Raíces (Tokenización en Puerto Vallarta/Riviera Nayarit), Oro, Plata y XRP.

A pesar de los desafíos e incertidumbres que ha enfrentado XRP debido a los obstáculos regulatorios y las batallas legales con la SEC, sigo siendo un firme defensor de este activo digital. No ha sido un viaje fácil, especialmente cuando el valor de mercado del token se desplomó debido a la exclusión de los Exchanges y los constantes desafíos por el SEC. Muchos, incluyéndome a mí, experimentaron pérdidas significativas durante este período turbulento.

Sin embargo, el reciente resultado favorable en el caso legal ha traído un rayo de esperanza para los entusiastas de XRP. Con la claridad de que XRP no se considera un valor, el escenario está listo para un posible resurgimiento. Creo firmemente que XRP tiene un potencial inmenso y es uno de los activos digitales más innovadores jamás creados.

A medida que se disipen las nubes legales, se espera que XRP recupere el lugar que le corresponde y vuelva a cotizar en los Exchanges de todo el mundo. Esta certeza recién descubierta puede allanar el camino para que florezca el precio de XRP. Si bien actualmente está valorado en 62 centavos, veo el potencial de que se eleve a alturas increíbles, posiblemente alcanzando los $550 USD a largo plazo.

Sigo promocionando XRP entre mis amigos y contactos porque creo en su tecnología y en la visión que representa. A pesar de los desafíos del pasado, confío en su capacidad para asegurar un futuro financiero más brillante para aquellos que invierten sabiamente en él. Preste mucha atención a XRP; es un activo digital que ha capeado tormentas y tiene el potencial de prosperar y remodelar el panorama financiero.

Para un nuevo millonario, mi consejo final sería mantenerse conectado a tierra y mantener los principios que lo llevaron al éxito en primer lugar. Continúe educándose, busque orientación de mentores experimentados y retribuya a la comunidad o a las causas que le apasionan. Recuerde ser prudente con su nueva riqueza, vivir dentro de sus posibilidades y concentrarse en construir un legado que vaya más allá de las ganancias financieras. Construya algo en XRPL y HODL XRP.

Al ser inteligente, disciplinado y decidido, puede demostrarle al mundo que es más que capaz de lograr el éxito financiero en el mercado de criptomonedas. Confíe en sus habilidades, acepte su singularidad, tenga confianza en sus decisiones y deje que su viaje comercial sea un testimonio de su determinación y éxito.

Manténgase dedicado, siga aprendiendo y acérquese al mercado con una mentalidad clara y disciplinada. Con el conocimiento y las ideas de este libro, puede lograr un éxito notable y crear una vida plena y próspera para usted y sus seres queridos. Le deseo todo lo mejor en su viaje de trading y en todos sus esfuerzos. Recuerda, mientras haces el bien y luchas por la excelencia, las cosas buenas volverán a ti. Abrace las posibilidades, sea persistente y deje que su pasión lo lleve hacia un futuro mejor.

CONCLUSIONES

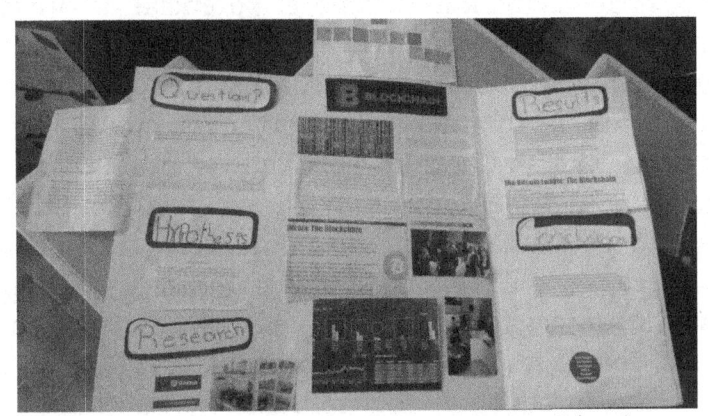

FIGURA 12.1 Proyecto de presentación de Blockchain en otra escuela.

Ahora que ha llegado a este punto, ¡está listo para sumergirse en el apasionante mundo del mercado de criptomonedas! Prepárese para abrir su plataforma de negociación y liberar el poder de sus herramientas de análisis. Su viaje comienza observando de cerca los gráficos, las órdenes del libro, el volumen, los niveles de soporte y resistencia, la configuración de alarmas y las tendencias generales del mercado.

No olvide mantenerse actualizado con los últimos acontecimientos en el espacio blockchain al monitorear los medios de comunicación cripto de buena reputación. La investigación exhaustiva a través del análisis fundamental también es muy importante en este mercado en constante cambio. Asegúrese de estudiar cada moneda digital y familiaricese con sus próximas actualizaciones de software, fusiones, halvings, forks (reducciones a la mitad o parciales) o cualquier otro evento que pueda afectar significativamente su valor.

Esté atento a los gigantes como Bitcoin, XRP y Ethereum, ya que a menudo marcan la pauta para todo el mercado. Esté atento y atento a cualquier movimiento potencial en estas monedas. Mientras tanto, también esté atento a otros jugadores destacados como DOT, ADA, Link, Litecoin y otros en el top 50. También pueden presentar oportunidades valiosas para los intercambios.

Para optimizar su experiencia de trading, considere tener al menos dos monitores, junto con su teléfono y tableta si es posible. Tener múltiples pantallas le permite realizar un seguimiento de varios datos simultáneamente, lo que hace que las decisiones informadas sean más fáciles y eficientes.

Daytrading criptomonedas requiere un aprendizaje continuo, adaptarse a los cambios del mercado y mantenerse disciplinado. Al manejar las emociones, apegarnos a su plan de trading e implementar estrategias efectivas de gestión de riesgos y seguridad, podemos limitar las pérdidas y aumentar nuestras posibilidades de rentabilidad a largo plazo. Las criptomonedas ofrecen oportunidades emocionantes, pero solo con la mentalidad y el enfoque correctos podemos tomar decisiones racionales y aprovechar oportunidades rentables en este mercado dinámico y vertiginoso.

Si deseas seguir aprendiendo prueba un seminario intensivo de tres días en Bucerías, Nayarit México. Lo prepararemos en un extraordinario viaje de aprendizaje en trading mientras disfruta de lo mejor de la Riviera Nayarit y Puerto Vallarta. Visite el sitio web: richrosscapital.com y llame o envíe un correo electrónico para obtener más información.

Como comerciante que ha experimentado los altibajos del mercado, entiendo el valor de retribuir a la comunidad y tener un impacto positivo en la vida de los demás. Con eso en mente, me dedico a apoyar dos causas importantes: la educación de blockchain y las oportunidades deportivas para niños y jóvenes.

La tecnología Blockchain es, sin duda, el futuro, y es crucial proporcionar a las mentes jóvenes el conocimiento y las habilidades que necesitan para navegar en este campo en rápida evolución. Al patrocinar la educación de blockchain, podemos empoderar a la próxima generación para que comprenda el potencial y las posibilidades de esta tecnología transformadora.

Ha sido un viaje bastante desafiante establecer un programa de baloncesto en la Riviera Nayarit, particularmente en Sayulita, donde no hay canchas de baloncesto disponibles. Cuando comencé el programa, fue realmente desde cero: sin cancha, sin balones, ni materiales para entrenar. A pesar de los obstáculos, estaba decidido a brindarles a los jóvenes de la zona la oportunidad de participar en deportes y desarrollar sus habilidades.

El crecimiento del club ha sido impresionante, con entrenadores dedicados y jugadores apasionados que han prosperado en varias competiciones. Sin embargo, la falta de una cancha de baloncesto dedicada sigue siendo un obstáculo importante. Es desalentador ver que a pesar de que hay personas adineradas que residen en el área, no se han hecho esfuerzos para proporcionar una instalación de baloncesto adecuada para la comunidad.

Nuestras prácticas de baloncesto se han llevado a cabo en escuelas públicas, moviéndose de un lugar a otro, sin una cancha propia. Esta situación no solo plantea desafíos logísticos sino que también dificulta el desarrollo a largo plazo del programa. A pesar de estos contratiempos, hemos perseverado, impulsados por nuestra pasión por el deporte y el impacto positivo que puede tener en la vida de los jóvenes atletas.

A medida que continuamos trabajando incansablemente para mejorar el programa de baloncesto, tenemos la esperanza de que algún día la comunidad reconozca el valor de invertir en deportes y nos brinde una cancha de baloncesto dedicada. Tener nuestra cancha no solo sería un testimonio del arduo trabajo y la dedicación de nuestros entrenadores y jugadores, sino también una fuente de orgullo para toda la comunidad.

Seguiremos avanzando, explorando todas las vías para asegurar los recursos que necesitamos para ofrecer la mejor experiencia de baloncesto para nuestros jóvenes atletas. Creemos que a través de la determinación, el apoyo de la comunidad y la promoción, podemos crear un futuro más brillante para el baloncesto en la Riviera Nayarit y brindarles a nuestros talentosos jugadores las oportunidades que realmente merecen.

FIGURA 12.2 Práctica en un cancha temporal en una escuela pública en Sayulita, Nayarit.

Con su apoyo al donar a mi cuenta de Patreon, podemos marcar una diferencia significativa en la vida de estos jóvenes. Juntos, podemos inspirarlos y empoderarlos para que logren sus sueños, tanto en el mundo de blockchain como en la cancha de baloncesto, fomentando un sentido de disciplina, trabajo en equipo y bienestar.

Creo que al combinar nuestros esfuerzos y conocimientos, podemos crear un futuro mejor para las generaciones futuras. Comerciemos con propósito, impulso y compasión, asegurándonos de que el éxito que logremos en el mercado sirva a un bien mayor más allá de nosotros mismos.

Gracias por acompañarme en este viaje de aprendizaje y crecimiento. Juntos, hagamos un impacto duradero en la vida de los demás y del mundo que nos rodea.

Cuenta Patreon:

https://patreon.com/RichardRosales

ABOUT THE AUTHOR

Richard Rosales

Richard Rosales es un trader experimentado que abarca más de dos décadas y se destaca en los ámbitos de acciones, materias primas, divisas y criptomonedas. Además de su experiencia en los mercados, cuenta con más de una década de experiencia docente y una amplia experiencia en emprendimiento. Richard estudió Planificación Financiera en la Universidad de Ashworth. Su pasión por la tecnología blockchain lo llevó a obtener un Certificado en Blockchain de la Universidad de Nicosia, lo que se sumó a su vasto conocimiento en el espacio cripto. La dedicación de Richard a la educación no termina ahí; prosiguió sus estudios en Pedagogía y asistió a la Universidad de Virginia para Negocios. Como escritor experimentado, asistió a la prestigiosa Escuela de Escritores de Sogem en Guadalajara y se ha desempeñado como escritor fantasma desde 2008. Richard no es solo un exitoso comerciante y educador; también está profundamente involucrado en retribuir a la comunidad. Su trabajo voluntario en educación de Blockchain refleja su compromiso con la difusión de la conciencia y el conocimiento en esta tecnología transformadora. Además, ha fundado y contribuido a varias organizaciones de baloncesto, incluido Bahía Basquetbol Club, Sayulita Basquetbol Club y equipos de Bucerías, enriqueciendo la vida de los atletas. En el mundo de las criptomonedas, Richard es una figura influyente dentro de la comunidad cripto y un miembro activo de la comunidad XRP. Más allá de los dominios financieros y cripto, Richard amplía su experiencia como asesor inmobiliario en la región de Riviera Nayarit y Puerto Vallarta, mostrando aún más su espíritu versátil y emprendedor. Con antecedentes diversos y exitosos, Richard Rosales es un verdadero hombre renacentista que comparte su experiencia para inspirar y capacitar a otros en su búsqueda del éxito.

NOTA:

NO SOY ASESOR FINANCIERO CERTIFICADO ANTE (AMIB). NO TOME NINGUNA DECISIÓN FINANCIERA BASADA EN LO QUE ESTÁ ESCRITO EN ESTE LIBRO. TODO LO QUE ESTÁ ESCRITO EN ESTE LIBRO ME HA FUNCIONADO A MI, SIN EMBARGO NO LE PUEDO GARANTIZAR QUE SEA LO MISMO EN SU CASO. POR FAVOR HAGA SU PROPIA INVESTIGACIÓN E INVIERTA UTILIZANDO MÉTODOS Y PRÁCTICAS INTELIGENTES.

FUENTES:

binance:
https://cuentas.binance.info/register?ref=25175995

Bitso:
https://bitso.com/

OpenSea NFT:
https://opensea.io/assets/
ethereum/0x495f947276749ce646f68ac8c248420045cb7b5e/5
5514015419720740823561157125028277354088570728893067994468482600 629352529921

Impuestos en México sobre Crypto:
https://turbotax.intuit.com/tax-tips/en-espanol/tu-gua-de-impuestos-sobre-criptomonedas/L5HK6ytbF

ley fintech:
https://www.fintechmexico.org/qu-es-fintech

Para calcular el interés compuesto:
https://www.nerdwallet.com/calculator/compound-interest-calculator

Para mantenerse alerta sobre las criptomonedas:
https://criptoburbujas.net/

Noticias de whaleclub:
https://edmontonjournal.com/news/local-news/man-banned-eight-years-must-pay-165k-after-whaleclub-crypto-investment-goes-bust

El CEO muere y los clientes no pueden recuperar las criptomonedas:

https://edition.cnn.com/2019/02/05/tech/quadriga-gerald-cotten-cryptocurrency/index.html

Otras noticias y eventos históricos sobre Crypto mencionados en este libro:
https://www.coindesk.com/
https://cointelegraph.com/

BitMEX:
https://www.bitmex.com/app/trade/XBTUSD

Servicios de cadena de bloques:
https://richrosscapital.com/

Tokenización Inmobiliaria:
https://mexicohomerealty.com/

Made in the USA
Columbia, SC
12 August 2023